브라질 광고와 문화

라틴아메리카 문화지도 01

브라질 광고와 문화

이승용 지음

산지니

브라질 문화원형을 추적하는 방법이나 도구는 학자나 영역에 따라서 매우 다양하다. 그 가운데서 목표계층의 원형사고를 이용해 대상을 설득하는 광고를 이용한 분석 또한 브라질 문화원형을 찾아보고 브라질 사회현상을 이해하는 데 매우 유용한 방법 중의 하나가 될 것이다.

광고는 개인이 아닌 집단을 상대로 하기 때문에 광고에서 사용되는 설득의 수단은 많은 사람들이 공통적으로 가지고 있거나 요구하는 것을 소구하게 되는데 이것이 그 계층 또는 그 집단의 원형사고이거나 아니면 적어도 원형사고를 반영하고 있는 모습이라고 할 수 있기 때문이다.

브라질 광고에서도 성적 소구, 공포 소구, 감성 소구, 이성 소구 등 다른 나라의 광고에서 보이는 모든 소구 방법이 나타나고 있다. 어떤 소구를 이용하는가 하는 것은 광고의 종류, 브랜드나 상품의 포지셔닝, 목표계층의 성향 그리고 제작자의 작품관 등에 따라서 다 다르다. 그러나 브라질 광고의 가장 큰 특징은 '재미'라고 할 수 있다.

브라질 사람들은 광고를 단순히 물건을 홍보하거나 정보를 전달하는 도구로 보지 않고 하나의 예술작품으로 보는 경향이 강하다. 그래서 브라질 사람들은 광고를 볼 때 홍보나 정보전달 이상의 '작품성'을 기대한다. 그리고 이 '작품성'은 대개의 경우 '재미'와 연결된다. 이는 브라질 사람들의 낙천적 성격, 유머러스함 그리고 즐거움을 추구하는 문화

원형적 성격과 관련이 있다. 브라질 광고에서 '재미'를 주기 위한 방법으로 주로 사용되는 도구로 유머와 반전의 코드가 사용된다.

광고를 예술작품처럼 생각하는 브라질 사람들의 이러한 태도는 브라질 광고가 풍부한 표현력과 아이디어의 독창성을 갖게 하는 데 일조했다. 일반적으로 예술에서는 제도적인 제약과 사회적인 금기의 위반이 일정 부분 용인된다. 광고를 대하는 이러한 사회적 분위기는 광고제작 과정에서 상상할 수 있는 모든 종류의 아이디어나 표현방식이 제한 없이 그려질 수 있게 하는 바탕이 된다. 이러한 분위기와 더불어 브라질 광고를 독창적으로 만들어주는 또 다른 요인으로 자율광고심의규정 그리고 브라질 광고주와 광고제작자 사이의 관계를 들 수 있다.

브라질에서는 광고가 사전심의 대상이 아니다. 모든 광고를 제약 없이 자유롭게 만들 수 있으며 방송사나 언론매체를 통해서 사전심의 없이 배포할 수 있다. 브라질 광고가 심의의 대상이 되거나 배포금지가 되는 경우는 배포된 광고가 어떤 이유로든지 사회적으로 문제시된 경우에 한한다. 주로 브라질 사회의 일반적인 가치, 즉 사회적 통념이나 사회 도덕적 가치를 위반한 경우다. 따라서 브라질 광고제작사들은 광고를 완성하고 배포하기 전에 미리 아이디어나 표현에 대한 제약을 고민할 필요가 없이 마음껏 광고를 제작할 수 있는 환경을 누리고 있다.

또한 브라질 광고제작사들은 광고주로부터 비교적 독립적인 위치를 점하고 있으며 적어도 광고제작과 관련해서 자신들의 전문성을 침해받지 않고 있다. 브라질 이외의 다른 나라에서는 자금을 대는 광고주의 위상이 매우 높아 광고제작사의 아이디어가 무시되거나 광고주의 호불호에 따라서 수정되는 일이 많은 반면에 브라질에서는 광고제작사에 대한 광고주의 영향력이 크지 않다. 비전문적인 광고주의 영향력으로부터 비교적 독립적인 광고제작사들은 광고주가 의뢰한 광고를 전문가의 입장에서 만들 수 있다.

브라질은 아프리카계 흑인, 유럽계 백인 그리고 현지 원주민이 혼혈을 통해서 아주 다양하고 폭 넓은 피부색의 스펙트럼을 가지고 있는 나라이며 문화적으로도 대중적으로는 아프리카풍의 흑인 또는 혼혈문화이고 상류 백인 계층은 유럽의 백인문화인 이중적인 모습을 지니고 있는 나라다. 브라질이 지니고 있는 문화의 다양성과 인종의 혼종성은 브라질만의 독특한 색채임에는 분명하지만 다른 한편으로는 브라질 문화의 원형이 무엇인지 알기 어렵게 하는 요인이기도 하다. 게다가 850만 km²에 달하는, 거의 대륙 크기의 넓은 영토는 브라질 문화의 원형적인 모습이 무엇인지 알기 더 어렵게 만든다. 이러한 어려움 속에서 브라질 광고는 브라질 사회에서 인종과 관련된 브라질 사람들의 생각을 엿볼 수 있게 하는 문화의 창이기도 하다.

브라질은 인종적 민주주의를 주창할 정도로 인종차별이 나타나지 않는 국가이기는 하지만 역사적으로 백인 지배층과 흑인 또는 혼혈 피지배층을 기본으로 한 사회구조에서 기인하는 차별이 없지는 않다. 다만 이러한 차별이 인종의 문제가 아니라 계층의 문제로 옷을 바꿔 입고 나타나는 것뿐이다. 브라질 광고는 명시적으로 드러나지 않고 있는 인종에 대한 브라질 사람들의 시각을 잘 보여주고 있다.

광고전문가가 아니면서 브라질 사회를 광고를 통해 설명하려는 시도를 하게 된 계기는 브라질에 진출한 한국 상품의 브라질 내 광고들이 어째서 우리나라에서 하는 광고와 다른가 하는 질문이었다. 그 이유는 결국 두 지역의 문화원형이 다르고 추구하는 가치가 다르기 때문이다. 브라질 사람들이 추구하는 가치는 유희적인 성격이 강한 반면에 우리나라 사람들이 추구하는 가치는 유토피아적인 경향이 강하다. 이러한 차이로 인해서 브라질 광고는 탄탄한 스토리텔링을 통해서 '재미', 즉 유희적 코드를 부각시키는 반면에 우리나라의 광고는 서사구조보다는 등장인물의 스타성에 의존하는 광고가 주를 이룬다.

이 책은 브라질 사람들의 유희적 성격과 여성·인종에 대한 사회적 시각을 광고를 통해서 드러내 보이고 있다. 브라질의 유희적 성격은 비단 광고제작에서만 중요한 것이 아니라 브라질 사회 전반을 이해하고 현상을 풀이하는 데 결정적인 요소가 된다. 이 책을 통해서 부분적이기는 하지만 브라질의 문화원형적 모습이 무엇인지 알아보고 브라질 사회를 이해하는 데 도움이 되기를 기대한다.

2014년 4월

| 목차 |

3부 · 브라질 광고 산업

4부 · 브라질 광고와 문화

1부

브라질의 소개

1. 브라질 개황

브라질은 한국의 85배에 달하는 약 850만km²의 세계에서 다섯 번째로 큰 나라이고 남미대륙의 47.7%를 차지하고 있으며 칠레와 에콰도르만 제외하고 남미의 모든 국가들 하고 국경을 맞대고 있는 나라이다.

면적: 850만km²
인구: 2억 천만(2013)
인종구성: 백인(47.7%), 혼혈(43.1%), 흑인(7.6%), 아시아인(1%), 인디오(0.4%)
정부형태: 연방정부, 공화정
연방정부의 구성: 26개 주와 1개의 특별행정구역
의회: 양원제
수도: 브라질리아
종교: 가톨릭[1]

브라질 국기

브라질 국장

브라질 문장[2]

---

1) 국교가 가톨릭이지만 아프리카 기원의 깐동블레Candomblé라는 종교가 대중적인 형태로 자리 잡고 있다.
2) 브라질 공식 관인이지만 브라질 문장coat of arms이 실제로는 더 많이 사용되고 있다.

2. 브라질 약사

2.1 브라질 발견과 국명의 유래

브라질은 1500년 포르투갈의 알바레스 까브랄Alvares Cabral에 의해서 처음으로 유럽에 그 존재가 알려진다. 브라질은 발견 당시 그리고 식민지 건설 초기까지 포르투갈 왕실이 원하는 금, 은 또는 향료와 같은 자원이 발견되지 않았기 때문에 초기에는 경제적인 가치를 크게 인정받지 못한 땅이었다. 대신에 붉은색 염료를 추출할 수 있는 나무의 존재가 그나마 긴 항해 끝에 얻을 수 있는 환금성 있는 자원이었다. 브라질이라는 국명은 바로 이 붉은색 염료의 재료가 되는 이 나무의 이름 빠우 브라지우pau-brasil에서 유래했다. 포르투갈어로 브라지우brasil라는 말은 '붉다'라는 뜻이다.

빠우 브라지우 나무는 다 자라면 15m 정도까지 이른다. 붉은색 염료의 재료일 뿐만 아니라 매우 경도가 높은 목재로서 활용도가 높다.

15-16세기에 유럽은 붉은색 염료와 붉은색 목재에 대한 수요가 급증했지만 아시아에서 들어오는 양이 매우 적고 비쌌기 때문에 유럽에서 구하기 어려운 빠우 브라지우에 대한 경제적 가치가 높았다. 포르투갈 왕실은 브라질에 이 나무가 많이 있음을 발견하고 브라질 땅에서 생산되는 빠우 브라지우 무역을 독점하면서 새로운 상업국가로서 부를 축적하는 계기가 된다.

2.2 브라질의 독립

포르투갈의 해외 영토였던 브라질은 1822년 9월 7일 포르투갈로부터 독립한다. 브라질의 독립은 다른 식민지 국가들의 독립과는 매우 다른 형태로·진행된다. 브라질의 독립은 브라질에 남아 있던 포르투갈의 왕자가 본국으로 귀국하지 않고 독립을 선언함으로서 분가의 형식으로 이루어졌다.[3]

1807년 나폴레옹Napoleon이 포르투갈을 침공하자 포르투갈 왕실은 영국의 도움을 받아 브라질의 히우 지 자네이루Rio de Janeiro로 천도를 한다. 포르투갈 왕과 왕실이 옮겨오게 되자 포르투갈의 해외 영토에 불과했던 브라질은 명실상부하게 왕국의 수도가 있는 포르투갈 본국으로서의 지위를 갖게 되었다.

나폴레옹 전쟁이 끝나고 1821년 포르투갈 왕실이 포르투갈의 리스보아Lisboa로 환국하자 그동안 브라질이 누렸던 본국으로서의 지위를 상실하게 되는 데 대한 두려움과 본국의 지나친 간섭에 대한 저항으로 당시 왕자였던 뻬드루Pedro는 1822년 9월 7일 본국으로의 귀환 명령을 거

---

3) 비교적 평화적인 방법으로 독립을 했지만 일부 무력시위와 충돌이 발생하기도 했었다. 브라질 역사에서 1822년 2월부터 1823년 11월까지를 브라질 독립전쟁 시기로 본다.

부하고 스스로 동 뻬드루 1세Dom Pedro I가 되어 독립을 선언한다.

동 뻬드루 1세가 이삐랑가 강가에서 독립을 선언하는 모습

2.3 브라질 근현대사

1822년 독립을 선언한 이후 1889년에는 왕정에서 공화정으로 정치 체제를 바꾼다. 1937년 바르가스Getúlio Vargas가 군부의 지원으로 쿠데타를 일으키면서 신국가Estado Novo 체제를 확립한다.

1964년부터 1985년까지 브라질은 군사독제체제를 겪는다. 이 기간 동안 인권과 자유민주주의의 탄압이 가중되었지만 다른 한편으로는 수입대체 산업의 신장과 향후에 그린 에너지 전략의 핵임이 되는 대체 에너지 산업이 발전하게 되고 고도의 경제성장을 이루는 시기이기도 하다.

1985년부터 민간정부가 들어서는데 살인적인 인플레이션과 경기 침체로 향후 10년 동안 브라질에서 잃어버린 10년이라는 말을 만들 정도로 브라질 경제 사상 최악의 시기를 겪는다. 브라질의 살인적인 인플레이션은 1994년 까르도^{Cardoso} 주정부가 화폐 단위를 끄루제이루^{Cruzeiro}에서 헤알^{Real}로 바꾸면서 극단적인 헤알 플랜^{Real Plan}을 성공시킴으로써 진정국면에 들어서게 된다. 2001년에는 룰라^{Lula da Silva} 대통령이 당선되고 2012년에는 브라질 최초의 여성 대통령으로 지우마 후세피^{Dilma Ruseeffe} 대통령이 당선되면서 브라질 민주화의 절정기를 맞이하고 있다.

2.4 브라질 연방주 위치와 개요(지도출처: www.wikipidia.com)

아크리(Acre)

주 도: 히우 브랑꾸(Rio Branco)
인 구: 73만 명(2010)
면 적: 15만 2천 km^2
인구밀도: 4.8/km^2
평균소득: 9,896 헤알(2008)
GDP 비중: 0.2%
문맹률: 16%
주 코드: AC

알라고아스(Alagoas)

주 도: 마세이오(Maceió)
인 구: 316만 명(2010)
면 적: 27,700 Km^2
인구밀도: 112/km^2
평균소득: 6,227 헤알(2008)
GDP 비중: 0.6%
문맹률: 25%
주 코드: AL

아마조나스(Amazonas)

주 도: 마나우스(Manaus)
인 구: 348만 명(2010)
면 적: 157만 Km^2
인구밀도: 2.2/Km^2
평균소득: 14,014 헤알(2008)
GDP 비중: 1.6%
문맹률: 7%
주 코드: AM

아마빠(Amapá)

주 도: 마까빠(Macapá)
인 구: 67만 명(2010)
면 적: 142,000 Km^2
인구밀도: 4.6/km^2
평균소득: 11,033 헤알(2008)
GDP 비중: 0.2%
문맹률: 3%
주 코드: AP

바이아(Bahia)

주 도: 살바도르(Salvador)
인 구: 1,400만 명(2010)
면 적: 564,692 Km^2
인구밀도: 24.8/km^2
평균소득: 8,378 헤알(2008)
GDP 비중: 3.9%
문맹률: 17%
주 코드: BA

세아라(Ceará)

주 도: 포르딸레자(Fortaleza)

인 구: 844만 명(2010)

면 적: 148,825 Km²

인구밀도: 56.7/km²

평균소득: 9,896 헤알(2008)

GDP 비중: 1.9%

문맹률: 19%

주 코드: CE

연방특별구(Distrito Federal)

주 도: 브라질리아(Brasília)

인 구: 256만 명(2010)

면 적: 5,822 Km²

인구밀도: 24.8/km²

평균소득: 7,112 헤알(2008)

GDP 비중: 3.8%

문맹률: 3%

주 코드: DF

이시삐리뚜 상뚜스(Espírito Santos)

주 도: 비또리아(Vitória)

인 구: 350만 명(2010)

면 적: 46,077 Km²

인구밀도: 76.2/km²

평균소득: 20,231 헤알(2008)

GDP 비중: 2.3%

문맹률: 8%

주 코드: ES

고이아스(Goiás)

주 도: 고이아나(Goiâna)
인 구: 600만 명(2010)
면 적: 340,086 Km²
인구밀도: 17.6/km²
평균소득: 12,879 헤알(2008)
GDP 비중: 2.5%
문맹률: 16%
주 코드: GO

마라랴웅(Maranhão)

주 도: 상 루이스(São Luís)
인 구: 656만 명(2010)
면 적: 331,983 Km²
인구밀도: 19.7/km²
평균소득: 1,104 헤알(2008)
GDP 비중: 1.2%
문맹률: 9%
주 코드: MA

미나스 제라이스(Minais Gerais)

주 도: 벨루 오리존찌(Belo Horizonte)
인 구: 1,960만 명(2010)
면 적: 586,528 Km²
인구밀도: 33.4/km²
평균소득: 14,233 헤알(2008)
GDP 비중: 9.1%
문맹률: 8%
주 코드: MG

마뚜 그로수 두 술(Mato Grosso do Sul)

주 도: 깜뽀 그란지(Campo Grande)

인 구: 245만 명(2010)

면 적: 357,125 Km²

인구밀도: 6.8/km²

평균소득: 14,188 헤알(2008)

GDP 비중: 1.1%

문맹률: 9%

주 코드: MS

마뚜 그로수(Mato Grosso)

주 도: 꾸이아바(CUiabá)

인 구: 300만 명(2010)

면 적: 903,357 Km²

인구밀도: 3.3/km²

평균소득: 17,927 헤알(2008)

GDP 비중: 1.6%

문맹률: 10%

주 코드: MT

빠라(Pará)

주 도: 벨렝(Belém)

인 구: 759만 명(2010)

면 적: 1,247,689 Km²

인구밀도: 6/km²

평균소득: 7,993 헤알(2008)

GDP 비중: 1.9%

문맹률: 12%

주 코드: PA

빠라이바(Paraíba)

주 도: 조앙 뻬소아(João Pessoa)
인 구: 376만 명(2010)
면 적: 56,439 Km^2
인구밀도: 66.7/km^2
평균소득: 6,866 헤알(2008)
GDP 비중: 0.9%
문맹률: 22%
주 코드: PB

뻬르낭부꾸(Pernambuco)

주 도: 헤시피(Recife)
인 구: 879만 명(2010)
면 적: 98,311 Km^2
인구밀도: 89.4/km^2
평균소득: 8,065 헤알(2008)
GDP 비중: 2.3%
문맹률: 18%
주 코드: PE

삐아우이(Piauí)

주 도: 떼레지나(Teresina)
인 구: 312만 명(2010)
면 적: 251,529 Km^2
인구밀도: 12.4/km^2
평균소득: 5,373 헤알(2008)
GDP 비중: 0.5%
문맹률: 24%
주 코드: PI

빠라나(Paraná)

주 도: 꾸리찌바(Curitiba)
인 구: 1000만 명(2010)
면 적: 199,314 Km²
인구밀도: 52.4/km²
평균소득: 16,928 헤알(2008)
GDP 비중: 6.1%
문맹률: 7%
주 코드: PR

히우 지 자네이루(Rio de Janeiro)

주 도: 히우 지 자네이루(RIo de Janeiro)
인 구: 1,600만 명(2010)
면 적: 43,696 Km²
인구밀도: 366/km²
평균소득: 21,621 헤알(2008)
GDP 비중: 11.2%
문맹률: 4%
주 코드: RJ

히우 그란지 두 노르찌(RIo Grande de Norte)

주 도: 나따우(Natal)
인 구: 310만 명(2010)
면 적: 52,796 Km²
인구밀도: 60/km²
평균소득: 8,203 헤알(2008)
GDP 비중: 0.8%
문맹률: 18%
주 코드: RN

혼도니아(Rondônia)

주 도: 뽀르뚜 벨류(Porto Velho)
인 구: 156만 명(2010)
면 적: 235,576 Km²
인구밀도: 6.5/km²
평균소득: 11,977 헤알(2008)
GDP 비중: 0.6%
문맹률: 10%
주 코드: RO

호라이마(Roraima)

주 도: 보아 비스따(Boa Vista)
인 구: 45만 명(2010)
면 적: 224,299 Km²
인구밀도: 2/km²
평균소득: 11,845 헤알(2008)
GDP 비중: 0.2%
문맹률: 7%
주 코드: RR

히우 그란지 두 술(Rio grande do Sul)

주 도: 뽀르뚜 알레그리(Porto Alegre)
인 구: 1000만 명(2010)
면 적: 281,748 Km²
인구밀도: 37.9/km²
평균소득: 20,331 헤알(2008)
GDP 비중: 6.6%
문맹률: 5%
주 코드: RS

쌘따 까따리나(Santa Catarina)

주 도: 플로니아노폴리스(Florianópolis)
인 구: 624만 명(2010)
면 적: 95,346 Km²
인구밀도: 65.5/km²
평균소득: 21,621 헤알(2008)
GDP 비중: 4.1%
문맹률: 5%
주 코드: SC

세르지삐(Sergipe)

주 도: 아라까주(Aracajú)
인 구: 200만 명(2010)
면 적: 21,910 Km²
인구밀도: 94.8/km²
평균소득: 9,779 헤알(2008)
GDP 비중: 0.7%
문맹률: 16%
주 코드: SE

상 파울루(São Paulo)

주 도: 상 파울루(São Paulo)
인 구: 4,100만 명(2010)
면 적: 248,209Km²
인구밀도: 166/km²
평균소득: 24,457 헤알(2008)
GDP 비중: 33.9%
문맹률: 5%
주 코드: SP

또까찡스(Tocatins)

주 도: 빠울마스(Palmas)
인 구: 138만 명(2010)
면 적: 277,620 Km^2
인구밀도: 4,9/km^2
평균소득: 10,233 헤알(2008)
GDP 비중: 0.4%
문맹률: 14%
주 코드: TO

브라질의 주 위치

2.5 경제 산업 개황

브라질은 미국, 중국과 함께 인구 1억 이상, GDP 1조 달러 그리고 국토면적 400만 km² 이상의 세 가지 조건을 만족시키는 세 나라 중 하나로 현재 세계 5번째의 경제규모를 가지고 있다. 광활한 영토에 산재해 있는 지하자원과 최근 발견된 해저유전 등에 힘입어 경제규모 면에서뿐만 아니라 자원강국으로서 위상도 크게 높아지고 있다.

국민소득은 2013년 기준으로 약 12,700 달러로 세계에서 53번째이나 브라질 국민의 상위 10%가 전체 국가 부의 90%를 소유하고 있을 정도로 빈부의 차가 커서 사회문제가 되고 있다.

	브라질	한국
GDP	2조 5천억 달러(2013)	1조 1천5백 달러(2012)
PPP (2011)	2조 3천억 달러(2011)	1조 5천5백 달러(2012)
인구	2억 명	4천9백만 명
GINI 계수	51.9%(2012)	31%(2010)
실업률	4.6%	3.8%

	2008	2009	2010	2011	2012
경제성장률(%)	5.2	-0.3	7.5	2.7	0.9
물가상승률(%)	5.9	4.3	5.9	6.5	5.8
달러기준환율	1.8	2.3	1.7	1.9	2.0
경상수지(GDP 기준 %)	-1.7	-1.5	-2.2	-2.1	-2.4

최근 브라질 경제 동향 지표

2009년 마이너스 성장은 2008년도에 일어난 리먼 브라더스[Liman Brothers] 사태에 따른 후유증이라고 볼 수 있다. 그러나 브라질의 그린 에너지 산업이나 새로운 유전의 발견 등으로 브라질의 경제적 위상이 높아짐에도 불구하고 각종 통계자료는 브라질의 경제의 성장세가 둔화되고 있음을 여지없이 보여주고 있다.

	2008	2009	2010	2011	2012
개인소비(%)	5.7	4.4	6.9	4.1	3.1
개인투자(%)	13.6	-6.7	21.3	4.7	-4.0
산업생산(%)	9.1	5.9	10.9	0.4	-2.8
실업률(%)	6.8	6.8	5.3	4.7	4.6

최근 5년간 경제 성장률 및 실업률 변동 추이

경제성장의 둔화와 함께 고정투자가 마이너스인 성장은 결국 산업생산의 감소로 이어지고 있다. 경기 후퇴에도 불구하고 2011, 2012년 실업률을 비슷하게 유지하는 것은 소매비중이 늘어나면서 이 영역으로 경제인구가 유입되었을 가능성이 있다.

	2008	2009	2010	2011	2012
무역수지(10억 달러)	25.0	25.3	20.1	19.8	19.4
수출(%)	23.2	-22.7	32.0	28.8	-5.3
수입(%)	43.4	-26.2	42.3	24.5	-1.4
외채(GDP 기준 %)	12.0	12.2	12.0	12.0	13.9

최근 5년간 무역수지 변동 추이

무역수지는 계속해서 마이너스 성장을 기록하고 있으며 2012년 외채는 전년도에 비해 증가하고 있다. 세계 7위의 무역대국이면서도 무역수지의 불균형이 계속되고 있는 것은 아마도 브라질의 고질적인 부정부패와 선진화되지 못한 산업구조 때문으로 풀이된다.

	2008	2009	2010	2011	2012
물가상승률 (소비자물가지수 기준)	5.9	4.3	5.9	6.5	5.8
물가상승률 (구매력기준)	19.8	-4.1	13.8	4.1	-9.1
브라질기준금리	13.8	8.8	10.8	11.0	7.3

최근 5년간 통화변동 추이

2012년 물가상승률은 5.8%로 전년에 비해서 낮은 수준이지만 최근 5년간의 전반적인 모습은 점점 증가하는 양상이다. 이와 함께 헤알의 가치가 2008년보다는 아니지만 점점 더 떨어지고 있어 1차 생산품 위주의 수출이 주를 이루고 공산품의 수입비중이 높은 브라질에서 향후 경제성장의 걸림돌로 작용할 수도 있다.

2.6 브라질 지역 구분과 특성

브라질은 남부, 남동부, 중서부, 북부, 북동부의 5개 지역으로 구분한다. 브라질은 거의 대륙규모의 영토를 가지고 있으며 각 지역별로 경제, 문화적 환경, 인구분포, 교육수준, 산업 환경이 다 다르기 때문에 모든 지역을 아우르는 표준적인 조사나 공통점을 찾기가 매우 어렵다.

브라질의 지역 구분

북부지역

브라질 북부지역에는 아끄리Acre, 아마빠Amapa, 아마조나스Amazonas, 빠라Pará, 혼도니아Rondônia, 또깐찡스Tocantins의 7개 주로 구성되어 있다. 아마존 열대 우림 지역을 포함하고 있는 북부지역은 다양한 동식물의 보고이면서 인디오들의 주 근거지기도 하다. 열악한 도로환경과 수많은 강과 열대우림 등으로 고립된 지역이 많아 도시화가 상대적으로 덜 이루어진 곳이다. 아마조나스 주의 주도인 마나우스Manaus는 자유무역지구의 중심으로 북부지역의 경제 성장을 주도하고 있다.

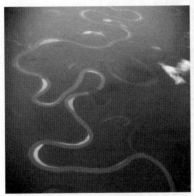 

브라질 북부를 관통하는 아마존 강 약 6,992km

북동부지역

북동부지역은 마라랴옹Maranhão, 삐아우이Piauí, 세아라Ceará, 뻬르남부꾸Pernambuco, 히우 그란지 두 노르찌Rio Grande do Norte, 알라고아스Alagoas, 세르지삐Sergipe, 빠이아바Paraiba, 바이아Bahia의 9개 주로 구성되어 있다.

북동부지역은 브라질 개척 초기에 대농장 형태의 사탕수수 산업이 발달하면서 경제적 호황기를 누렸던 지역이었으나 현재는 가장 낙후된 지역으로 꼽히고 있다. 특히 바이아 주의 살바도르Salvador는 브라질 최초의 수도로 유럽과 교역의 통로였으며 아프리카 흑인들이 브라질로 들어오는 관문이었다. 바이아에는 그래서 지금까지도 아프리카의 색채가 브라질에서 가장 짙게 남아 있는 지역이다.

살바도르 야시장의 모습

살바도로 옛 항구의 선착장, 아래쪽이 아프리카에서 온 흑인 노예들이 팔려 나가기 전까지 수용되어 있던 감옥이다. 지금은 전통문화를 보여주는 문화시설로 사용되고 있다.

바이아의 아프리카 기운의 전통의상을 입은 여인들, 아프리카 기원의 깐동블레라는 종교와 관련 있는 복식이다.

중서부지역

중서부지역은 고이아스Goiás, 마뚜 그로수Mato Grosso, 마뚜 그로수 두 술Mato Grosso do Sul 주와 연방특구인 브라질리아Brasília를 포함하고 있다.

이 지역은 드넓은 고원지대가 주를 이루고 있으며 습지와 초원, 열대림이 공존하는 지역이다. 특히 빤따날Pantanal이라고 불리는 서부의 습지는 이 지역의 중요한 관광자원으로 활용되고 있다.

알라고아스의 늪지와 마뚜 그로수 두 술의 아뉴마스Anhumas 동굴

브라질리아의 건설은 새로운 인구를 유입하는 효과가 있었지만 주변의 위성도시나 중서부 일대의 균형적 발전을 이루지 못해 이 지역의 생활이나 사회지표는 브라질 평균에 미치지 못하고 있는 실정이다.[4]

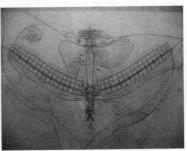

브라질리아의 국회의사당 건물과 브라질리아 도시 설계도면

---

4) 이승덕, 『브라질 들여다보기』, 한국외국어대학교 출판부, 2006, p.21

남동부 지역

남동부 지역은 이스뻬리뚜 상뚜Espírito Santo, 미나스 제라이스Minas Gerais, 상 파울루São Paulo, 히우 지 자네이루Rio de Janeiro의 4개의 주로 이루어져 있다. 이 지역이 브라질에서 가장 높은 경제, 문화 수준을 유지하고 있으며 브라질 공업단지가 남동부 지역에 집중하고 있어 브라질 국민 총생산의 50% 이상을 이 지역에서 담당하고 있다.

특히 상 파울루는 브라질뿐만 아니라 남미의 금융허브로서 남미 최고의 상업도시로 발돋음하고 있으며 히우 지 자네이루는 전 세계에 가장 잘 알려진 브라질 관광지로 문화 및 관광산업의 중심지이다. 또한 미나스 제라이스에 위치한 오우루 쁘레뚜Ouro Preto는 세계문화유산에 등재된 바로크 도시로 남동부 지역의 관광산업의 한 축을 담당하고 있다.

세계 3대 미항 중 하나인 히우 지 자네이루의 코파카바나Copacabana 해변과 오우루 쁘레뚜Ouro Preto

남부지역

남부지역은 빠라나Parana, 산따 까따리나Santa Catarina, 히우 그란지 두 술 Rio Grande do Sul의 4개 주로 구성된다. 남부는 브라질 지역 중 가장 높은 수준의 교육과 위생시설을 갖추고 있고 가장 낮은 유아 사망률을 기록하고 있으며 남동부 다음으로 개인소득이 두 번째로 높아 타 지역에 비해 생활수준이 높다.[5]

이 지역의 대표적인 관광자원으로는 이구아수Iguaçu 폭포가 있으며 풍부한 수자원을 바탕으로 세계에서 두 번째로 큰 수력발전소인 이따이 뿌Itáipu 발전소가 있다. 특히 히루 그란지 두 술은 독일과 이탈리아계 이민들이 많이 들어왔었기 때문인지 지금도 가장 유럽적인 느낌을 주는 지역이다.

이구아수 폭포

---

5)   이승덕, 같은 책, p.25

브라질 인종

브라질을 구성하는 기본 인종은 원주민인 인디오와 유럽계 백인 그리고 아프리카 흑인들인데 인디오와 백인, 백인과 흑인, 혼혈과 또 다른 혼혈 간의 결합 등으로 아주 흑인부터 아주 백인까지 다양한 피부색과 인종의 스펙트럼이 펼쳐지고 있다.

혼혈에 기초한 브라질 사회형성의 역사는 브라질 사람들이 인종이나 피부색에 대해서 다른 나라들에 비해서 매우 유연한 태도를 지니게 하는 계기가 되었다. 브라질은 실제로 인종적 민주주의Racial Democracy를 이루었다고 주장할 정도로 인종차별이 거의 나타나지 않는 나라이다.[6]

브라질은 인구 구성에서 젊은 사람들의 비율이 높은 나라이다. 이는 브라질이 경제성장과 더불어 의료, 보건체계의 향상, 영양과 주거환경의 개선 등으로 사망률이 낮아지면서 나타나는 현상으로 브라질 사회가 건강해져가고 있음을 보여주는 지표라고 할 수 있다.

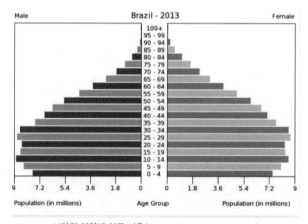

브라질 연령별 인구 비율(www.lanyonadvisory.com)

---

6) 브라질에서 인종차별의 존재여부에 대해서는 학자들 간 견해 차이가 있다. 흑인과 혼혈들이 백인에 비해서 사회 저소득층 또는 빈민층을 구성하는 비율이 높기 때문에 브라질에서는 인종차별과 사회 계층 간 차별에 대한 주의가 필요하다.

브라질 종교

브라질의 정체성을 이야기할 때 여러 가지 요소들을 언급할 수 있겠으나 문화나 인종적인 면 이외에도 눈여겨보아야 할 것 중의 하나가 브라질의 종교이다. 브라질의 공식적인 국교는 가톨릭이다. 그러나 브라질 국민들의 대다수가 가톨릭을 믿는 동시에 아주 브라질적인 종교인 움반다Umbanda나 깐동블레Candomblé라고 불리는 아프리카 기원의 종교를 믿는 또 다른 모습으로 브라질적인 것Brazilian Things을 추구하고 있다는 점에서 브라질의 정체성을 이해하는 데 있어서 반드시 살펴봐야 할 대상이다.

브라질의 종교나 문화 형태는 삼바에서 보듯이 대부분 아프리카에 원류를 두고 있는 것이 많다. 그리고 아프리카 문화와 백인들의 문화가 서로 결합되고 여기에 토착 원주민들의 문화가 가미된 경우가 적지 않다. 브라질에서 종교는 이러한 브라질 문화의 특징을 가장 잘 보여주는 예라고 할 수 있다.

깐동블레의 주신인 이에만자Iemanja를 모시는 사당의 내부

깐동블레는 바이아 주를 비롯한 북동부지역에 널리 퍼져 있으며 움반다는 주로 히우 지 자네이루 주에서 그 자취가 많이 남아 있다. 하지만 남부지역인 싼타 까따리나Santa Catarina 주의 사람들도 깐동블레의 주신인 이에만자의 날을 기리는 모습을 볼 수 있을 정도로 브라질 전역에서 이들 원시종교의 영향력이나 흔적을 만날 수 있다.[7)]

움반다는 기독교에 정령신앙이 섞여 있는 경우이고 깐동블레는 아프리카의 원시신앙이 가톨릭과 섞여 있는 경우이다.[8)] 특히 깐동블레는 흑인들이 노예로 지내던 시절에 아프리카 원신 신앙을 가톨릭에 이입하여 겉으로는 가톨릭을 믿는 것처럼 보이게 하면서 자신들의 전통적인 신앙을 고수하는 기능을 하기도 하였다.

기독교	여호아	예수	성 제로니모	성 조지	성모 마리아	성 바바라	사탄
움반다	Olorum	Oxalá	Xangô	Ogum	Yemanjá	Oxum	Exú

기독교 신이나 성자를 움반다의 신들과 일치시킨 내용

7) 깐동블레의 종교적인 축일은 우리의 음력 절기와 비슷한 모습으로 깐동블레나 움반다를 믿는 것과는 관계없이 일상의 한 부분인 듯하다.

8) 움반다는 원시신앙과 카르데시즘Kardecism이 결합한 결과물이다. 카르데시즘은 19세기 프랑스의 알렝 까르덱Allen Kardec에 의해 만들어진 일종의 정령신앙Spiritism이다. 하지만 카르데시즘 추종자들은 스스로 기독교적이며 과학적이라고 주장한다. 종교적으로는 육신이 없는 영혼들의 존재와 이들과의 대화가 가능하다고 믿고 있으며 힌두교의 영향을 받아 환생과 윤회를 믿는다. 또한 철학적으로 꽁트August Comte의 실증주의Positivism를 수용하여 카르데시즘을 과학과 연계시키고 있다. 본래 프랑스에서는 철학적이며 과학적인 태도가 강했으나 브라질에서는 신비주의적 종교로서의 색깔을 갖게 된다. 까르덱은 정령신앙이 이성적 믿음과 사실에 기초한다고 하였지만 브라질에서는 고통을 덜어주고 질병을 고쳐주는 영적 치료spiritual cure로 받아들였다. 따라서 브라질의 카르데시즘은 프랑스의 키르데시즘과 비교해 볼 때 보다 제의ritual ceremony에 더 무게를 싣고 있으며 영적인 존재로부터 치유를 받거나 도움을 받고자 하는 모든 사람들에게 이런 의식을 공개하고 있다. 이러한 과정에서 카르데시즘은 브라질에서 현실적인 종교로서 발전하게 된다.

브라질에서는 일요일에는 성당에 가고 주중에는 깐동블레나 움반다와 같은 종교를 믿는 생활을 한다고 공공연히 말할 정도로 대중 속에 그리고 브라질 문화에 뿌리 깊이 박혀 있다.

깐동블레 예식(http://www.enciclopediapr.org)

2부

———

브라질 광고의 역사

1. 식민지 시대

광고의 가장 포괄적인 의미는 "널리 알리다"라는 것이다. 이러한 의미에서 큰 소리로 소식을 전파하던 일이나 포고문 등이 광고의 초기 모습이라고 할 수 있겠다. 이러한 관점에서 브라질 광고 역시 브라질 역사만큼이나 오래되었다.

브라질에서 '광고'와 관련된 최초의 공식적인 문헌은 상 빈센찌^{São} ^{Vincente} 카피타니타니아의 역사에 대한 비망록에 기록된 1543년 6월 15일 상인들이 상품을 광고하는 데 있어서 경쟁자들의 상품을 대중들에게 나쁘게 말하지 말라는 시의 규정이다. 당시 상 빈센찌 카피타니타니아의 총독은 마르찡 아폰소 지 소우자^{Martin Afonso de Souza}였는데 그가 이러한 규정을 제정함으로 해서 브라질을 세계에서 처음으로 광고법규와 불공정 경쟁에 대한 규정을 제정한 나라가 되었다.

브라질에서 포고나 소식을 전달하는 것에서 벗어나 이른바 현대적인 의미로서 광고로 기록되는 첫 사례는 17세기 암브로지오 페르난지스 브란다웅^{Ambrosio Fernanges Brandão}이 브란도니우^{Brandônio}라는 예명으로 쓴 『브라질의 위대한 이야기^{Diálogo das Grandezas do Brasil}』라는 책에 기록된 다음과 같은 다소 기이한 내용의 광고다.

쎄바스찌아웅 뽄치스는 다음과 같은 가격으로 조용히 그리고 신속하게 사람을 죽여줍니다. 브라질 사람 50만 헤이스, 외국인 30만 헤이스, 터키사람 무료.

브라질에서 광고가 본격적으로 시작된 것은 나폴레옹의 침략을 피해서 포르투갈 왕실이 브라질로 이전하는 것을 계기로 1808년 9월 10

일 브라질에서 첫 번째 신문인 〈가제따 두 히우 지 자네이루Gazeta do Rio de Janeiro〉가 창간되면서부터이다. 브라질에서 최초의 인쇄광고는 〈가제따 두 히우 지 자네이루〉 창간호에 실린 책 광고다.

> 다음과 같은 흥미로운 책들이 매장에 있습니다. 『1807년 프랑스의 포르투갈 침공에 대한 역사기록』과 『브라질 내 프랑스 상업에 관한 고찰』(1808. 9. 10)

그러나 브라질에서 최초의 유료광고로 기록된 광고는 9월 17일자 〈가제따 두 히우 지 자네이루〉에 실린 부동산 매매광고다.

브라질
최초의 신문,
1808

브라질 최초의 대중매체 광고(1808. 9. 17)

브라질은 소수의 백인 지배층이 다수의 흑인과 혼혈인들이 주를 이루는 노예제도를 기반으로 발전한 나라이다. 백인 지배층에게 노예는 노동력의 원천이었을 뿐만 아니라 그 자체가 재산이었기 때문에 노예제도가 존속하던 시기까지 도망간 노예를 찾는 광고를 쉽게 찾아볼 수 있다. 그중 1809년 1월 7일자에 실린 도망간 노예를 찾는 다음 광고가 가장 오래된 것이라 할 수 있다.

　　지난해 8월 20일 마떼우스Mateus라는 이름의 흑인 노예가 도망갔음. 신체적인 특징은 다음과 같음. 크고 동근 얼굴, 왼쪽 눈썹 위와 등에 흉터가 하나씩 있음, 작은 눈, 평범한 체격, 손은 크고 손가락은 뭉뚝함. 발이 큼, 이 자를 데려오는 사람은 Rua da Quintada 64번지 António José Mendes Slagado de Azevedo Guimarães의 Loja de Fazenda에서 소요된 경비 이외에 보상금으로 132$800을 받을 것임

도망간 노예들을
찾는 광고

식민지 시대의 노예들의 삶을 보여주는 풍속화

흑인 노예들

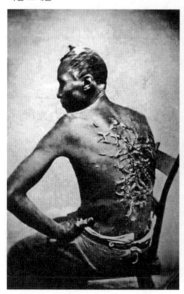

http://jornalistaflavioazevedo.blogspot.kr

그런데 도망간 노예를 찾거나 노예를 매매하는 광고가 비록 비인간
적이고 있어서는 안 되는 것이었지만 프레이리[G. Freyre]와 같은 일부 학자
들의 견해에 따르면 노예를 묘사하기 위해 사용된 어휘나 표현 등은 유
럽식 포르투갈어와는 아주 다른 브라질적인 언어양식을 보여주고 있어
광고의 목적과 도덕성과는 별개로 당시의 시대상과 함께 브라질 포르
투갈어의 특징을 당시의 어떤 문학 작품보다도 더 생생하고 적나라하
게 잘 반영하고 있는 것으로 평가하기도 한다.

포르투갈 왕실이 히우 지 자네이루로 천도해 오기 전까지 브라질의 수도였던 살바도르Salvador는 브라질에서 두 번째로 신문을 발간하는 도시로 1811년 5월 14일 〈이다지 도우루 두 브라지우Idade D'Ouro do Brasil〉라는 신문을 발간한다.

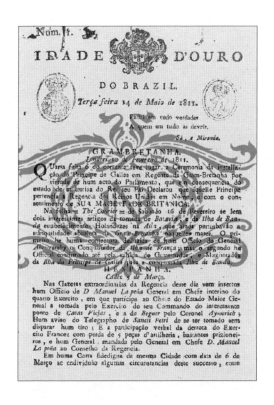

이 신문이 발간되기 며칠 전인 5월 5일에 당시 바이아 주 총독이었던 아르꼬스Arcos 백작이 출판과 관련한 일련의 법규를 제정하는데 이 법규 중에는 광고는 반드시 언론 종사자들에 의해서 쓰여야 한다는 내용이

있어 브라질에서 광고라는 직업에 대해 처음으로 법적인 지위를 부여하게 된다.[1]

　1818년에 이르면 신문광고 이외에도 브라질에서 거리 가두 광고가 나타나기 시작하는데 히우 지 자네이루의 담배 가게에서 제일 먼저 나타난다.

---

1)　브라질에서 신문과 광고가 포르투갈어로만 만들어진 것은 아니며 히우 지 자네이루에 프랑스 거주민들이 늘어나면서 신문 〈르 메사제르Le Messager〉와 〈라 가제뜨 프랑세즈La Gazzette Française〉가 1813년 창간되었고 당연히 이 신문에 실리는 광고는 포르투갈어가 아닌 프랑스어였다.

2. 브라질 독립과 광고

브라질로 옮겨와 있던 포르투갈 왕실이 1821년 본국으로 귀환하면서 브라질은 포르투갈 왕권의 직접적인 지배로부터 벗어나게 되면서 보다 많은 지면이 속속 등장하게 된다. 이 해에 등장하는 대표적인 신문들로 〈우 꽁실리아도르 마라네즈O Conciliador Maranhense〉, 〈아우루 뻬르남부꾸Auro Pernambuco〉, 〈미네르바 바이엔스Minerva Bahiense〉, 〈우 이스펠류O Espelho〉 등이 있는데 그중에서도 주목할 만한 신문으로는 히우 지 자네이루에서 간행되었던 〈조르나우 지 아눈시우스Jornal de Anúncios〉 와 〈지아리우 두 히우 지 자네이루Diário do Rio de Janeiro〉를 꼽을 수 있다. 〈조르나우 지 아눈시우스〉는 모두 7회만 발행되어 수명이 아주 짧았던 신문이었지만 오직 광고를 게제 할 목적으로 제작되었다는 점에서 그리고 〈지아리우 두 히우 지 자네이루〉는 브라질 최소의 일간지였다는 점에서 의미가 있다.

신문의 종류가 늘어나면서 당연히 광고지면도 늘어나게 된다. 뿐만 아니라 광고의 내용도 다양해지는데 1822년 12월 7일자 〈지아리우 두 히우 지 자네이루〉에는 이전의 광고에서 보이지 않던 상업적 목적을 가진 물품 판매광고가 등장한다.

최근 뽀르뚜에서 수입된 유지 양초의 구매를 원하는 사람은 지레이따 Direita가 38번지로 오시기 바람

1823년이 되면 상인들과 변호사, 건축사, 정원사 등의 자유 직업인들의 서비스 광고가 등장하며 거리 광고가 처음으로 등장하는 시기이기도 하다. 의약품 광고는 1825년에 처음으로 등장한다. 신문이 늘어나면서 광고지면의 증가와 함께 광고도 늘어났지만 초기의 광고지면은 광고주들에게 무료로 제공되었다.

브라질 신문 광고 역사에서 1827년은 상당한 의미가 있는 해인데 상공인들만을 대상으로 하는 〈조르나우 두 꼬메르시우Jornal do Comercio〉가 간행되었으면 〈에두아르두 람베르Eduardo Lambert〉가 브라질에 처음으로 스테레오그라피stereography를 도입한 해이다.

1860년대에 이르면 이미 어떻게 하면 독자 또는 소비자들의 시선을 끌수 있는가에 대한 고민을 하기 시작한다. 그러면서 광고문구가 보다 세련되고 객관적인 정보를 전달하는 것처럼 편집되기 시작하며 심지어 독자들의 시선을 끌기 위해서 위, 아래를 뒤집어 광고를 싣는 경우도 발생한다.

또한 광고 카피도 이 시기에 등장한다. 최초의 광고 카피는 바이아 Bahia의 한 상점에서 광고한 다음과 같은 카피로 알려져 있다.

쇼핑할 때 남들이 다 하는 것을 아시기 바랍니다.-Loja Fortuna

1828

2013

　　브라질의 독립과 구대륙과의 무역의 확대는 자연스럽게 유럽 각국
의 상품을 소개하기 위해서 만들어진 수입광고가 브라질 신문에 등장
하는 계기가 되었으며 실제로 당시 광고지면의 대부분을 이런 광고들
이 차지하기도 했었다. 아울러 1869년에는 브라질에서 처음으로 티저
광고가 등장한다. 1869년 1월 24일
바이아 주에서 발행된 〈조르나우 다
바이아Jornal da Bahia〉라는 신문이 처음
으로 3×15 크기의 지면을 광고로 할
애하는데 다음과 유사한 모습이었다.

3. 20세기 브라질 광고의 모습

1891년 호나우두 당따스Ronaldo Dantas에 의해서 〈조르나우 두 브라지우Jornal do Brasil〉라는 신문이 상 파울루에서 창간된다. 당따스는 광고주들에게 공간을 제공하고 광고를 신문의 주 수입원으로 했다. 그리고 이 무렵에 오노리우 폰세까Honorio da Fonseca가 경영하는 광고-상업회사Empresa de Publicidade e Comercio라는 이름의 광고회사가 설립하고 28×55 크기의 4쪽짜리 〈아 뿌블리시다지A Publicidade〉라는 광고기술에 관한 전문지를 창간한다. 이 신문은 주로 미국 잡지에 실린 광고관련 기사를 번역하여 실었다.

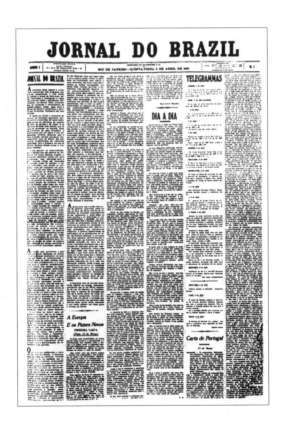

브라질 최초의 컬러광고, Jornal do Brasil, 1900, Rio de Janiero

브라질 최초의 컬러 광고는 1900년 히우 지 자네이루에서 발행된 〈조르나우 두 브라지우〉라는 신문에 실린 사로삐 지 상 조앙Xarope de São João 이라는 광고였는데 브라질에서 컬러 광고가 광고의 대세로 나타나는 시기는 1906년 이후이다. 그리고 이 당시 대부분의 컬러 광고는 〈우 말류O Malho〉라는 잡지였다.[2]

브라질 최초의 광고회사는 1914년 조앙 까스딸디João Castaldi와 조이슬린 베나통Jocelyn Benaton이 공동으로 상 파울루에 설립한 에끌레찌까Eclética

---

2) 히우 지 자네이루에서 1902년 9월 28일에 창간됨

다. 본래는 까스딸디 & 베나통^{Castaldi & Benaton}이라는 이름으로 시작했으나 곧 에끌레찌까라는 이름으로 상호를 변경하게 된다.

에끌레찌까 사옥

조앙 까스딸디

그러나 충분한 기술력이 없었고 특히 장비나 인력의 부족으로 인해서 1930년대까지 브라질 광고회사들은 자신들의 독창적이거나 브라질 실정에 맞는 광고를 만들기보다는 주로 외국, 특히 미국에서 제작된 광고물을 들여오거나 조잡하게 모방하는 수준에 머무를 수밖에 없었다. 이 시기는 미국에서 제작된 광고에 브라질 사진을 입히는 정도였다.

현대적인 의미에서 브라질 최초의 광고회사였던 에끌레찌까가 설립 초기부터 미국의 광고를 따라가는 데 초점을 맞추고 있었을 정도로 초창기 브라질 광고는 독창적이거나 지역적인 특징이 거의 나타나지 않고 있다. 초창기 브라질 광고가 미국광고를 따라갈 수밖에 없었던 이유는 기본적으로 광고제작에 필요한 인적, 물적 그리고 제작기술 등이 부족했기 때문이다.

특히 미국계 광고에 민감하게 반응했던 이유는 라틴 아메리카에 일련의 연고를 갖고 있던 유럽의 상품들에 비해서 미국은 브라질을 포함한 라틴 아메리카에 연고가 없었고 특히 먼로Monroe독트린에 대한 반감, 미국 중심적 분위기에 대한 지역적 반감을 줄이면서 유럽산 제품들과 경쟁하기 위해서 광고의 중요성을 다른 어떤 나라들보다 먼저 깨닫고 남미 시장에 광고를 시작했기 때문이다. 브라질 역시 미국 광고에 절대적으로 많이 노출될 수밖에 없었기 때문에 자연스럽게 미국 광고를 일종의 롤모델로 삼게 된다.

그리고 에끌레찌까의 초기 운영을 맡았던 줄리우 꼬지Julio Cosi는 미국을 방문해서 광고회사 경영에 대한 노하우를 얻고 브라질 전역을 다니면서 광고의 크기, 가격, 광고 삽입 날짜 등 광고사와 대중 매체사(당시는 신문) 사이의 기본적인 규정을 만들었다. 다음은 당시 광고를 대하는 신문사와 협상하는 것의 어려움을 보여주는 까스딸디의 회고 중 하나이다.

가장 어려웠던 일은 신문사들에게 광고회사에 20%의 할인을 하도록 설득하는 것이었다. 모든 신문이 에끌레찌까로 인하여 20%의 수익을 손해 본다고 여기고 있었다. 많은 시간과 노력을 들인 끝에서야 주요 일간지, 에끌레찌까와 계약을 성사시킬 수 있었다.

초기의 자본, 기술 등 여러 가지 제약에도 불구하고 에끌레찌까는 마따라쪼Matarazzo, 포드Ford, 팔모리비Palmolive, 텍사코Texaco 등의 광고를 대행하면서 1920년 미국 광고회사들이 브라질에 들어올 때까지 브라질 광고 산업을 이끌었다. 그러나 외국회사들을 대행한 광고는 대부분 미국이나 유럽에서 이미 만들어진 광고를 재생산하는 데서 크게 벗어나지 못하고 있었다.

대부분의 경우 브라질의 문화적 특색이나 정서가 반영되지 않은 채 카피만 포르투갈어나 스페인어로 바꾼 형태로 유통되었다. 이러한 배경에는 1차 세계대전 이후 미국이 세계무대의 중심으로 떠오르면서 미국의 라이프스타일과 미국적인 가치가 보편적인 기준이라고 믿는 미국 사람들의 잘못된 신념이 라틴 아메리카에서 자국산 제품의 광고에 그대로 반영되어 지역별 특성에 대한 고려를 하지 않았기 때문이다.

브라질에 들어온 최초의 미국계 광고회사는 1929년에 들어온 톰슨J. W. Thompson으로 제너널 모터스General Motors Company, GMC의 광고를 담당했다. GMC는 1928년 브라질 지사를 설립하였고 자체적인 광고 전담 부서를 운영하고 있었다. GMC의 영업확장에 따라서 광고전담 부서도 본국에서 전문가들을 데려오고 내부 전담부서에 광고제작 및 관련 노하우를 전수하면서 브라질 최고의 광고 학교 역할을 하였다. 또한 이후 브라질에 들어오는 미국 광고회사에 인력을 제공하는 역할을 하였다. 톰슨사 역시 이 인력을 수용한 것이다.

톰슨 이후 1931년 미국에서 가장 오래된 광고회사 중의 하나인 아이에르앤손N. W. Ayer & Son이 브라질에 들어오면서 포드사의 광고를 대행하게 된다. 아이에르 앤 손은 1948년 까지 상 파울루와 히우 지 자네이루를 중심으로 활동을 한다. 1935년에는 맥캔-에릭슨McCann-Erickson이 설립되는데 톰슨과 함께 브라질 광고사의 양대 산맥을 이루었다. 맥캔-에릭슨의 주 고객은 스탠다드 오일Standard Oil이었으며 최초로 브라질 사람이 CEO인 미국계 광고회사로 기록되고 있다.

맥캔-에릭슨의 존재는 브라질 광고 산업을 맥캔-에릭슨 이전과 이후로 나눌 정도로 그 의미가 매우 크다고 할 수 있다. 맥캔-에릭슨의 진출 이전의 브라질 광고는 주먹구구식의 전근대적인 형태였다면 맥캔-에릭슨의 브라질 진출과 더불어서 체계적이고 비즈니스로서의 광고가 자리 잡게 된다.

1930년부터 1950년대에 이르기까지 브라질 광고 산업은 아주 가파른 성장을 한다. 1938년 30개이던 광고회사의 수가 1950년에 이르면 126개로 늘어난다. 특히 톰슨은 이러한 환경 속에서 체계적인 교육과 실습을 통해서 우수한 광고 인력을 훈련 배출해냄으로써 광고 사관학교로서의 역할을 톡톡히 해냈다.

1922년 9월 7일에 브라질에서 처음으로 라디오 방송이 시작되면서 라디오에서 광고가 나가게 되는데 녹음기술의 발달하지 않았기 때문에 광고 역시 생방송으로 진행되었다.

광고방송을 녹음하는 모습

4. 시기별 브라질 광고

4.1 50년대의 브라질 광고

브라질 광고가 근대적인 모양새를 갖추는 것은 50년대에 들어서이다. 급속한 산업화와 도시화는 화장품, 위생용품, 생활가전, 의복, 식품, 주류 시장의 양적 팽창을 가져왔다. 이런 모든 소비재들에 대해서 광고가 필요했었는데 이때 광고가 필요했던 이유는 브랜드나 상품 간의 경쟁에서 우월적인 지위를 확보하고자 하는 것이 아니라 소비자들의 관심을 촉발시키고 기존에 없었던 새로운 소비의 필요성과 새로운 소비생활을 조장하기 위함이었다.

예컨대, 콜린스Kolyns 치약은 공립학교에서 시범을 보이고 샘플을 나눠줬고 에스꼴리냐 왈리따Escolinha Walita는 가정주부들에게 표백제나 빵 반죽하는 기계의 사용법을 교육하기도 했다. 그러나 이러한 계도적 효과는 잡지, 주간지 상품광고 그리고 라디오 방송 광고의 텍스트에서 가장 많이 드러났다.

1956년도 광고

50년대는 또한 주로 미국회사들인 외국계 광고회사들이 대거 브라질에 유입되는 시기이기도 하다. 이들은 브라질 광고의 현대화를 이끈 장본인들이다. 브라질 광고회사들은 이들 외국 광고회사들의 노하우를 배워 자신들 것으로 만듦으로 해서 빠르게 현대화하게 된다.

이 시기에 이미 브라질 광고는 미국광고의 영향을 받아 마케팅이라는 개념을 도입하고 있으며 텍스트 특히 타이틀 카피를 중요하게 여기는 등 미국 기준에 근접하는 광고를 제작하고 있다. 타이틀과 슬로건의 중요성이 50년대 광고의 중요한 관점이었다. 좋은 카피는 창의성, 논리적 추론, 통합적 사고 그리고 탁월한 언어능력의 소산인데 이 시대에는 주로 언론 종사자들과 문학을 하는 사람들이 일익을 담당했었다. 그중 대표적인 인물로 오르지네스 넬사^{Origenes Lessa}를 꼽을 수 있다.

오르지네스 넬사
(1903-1986)

50년대 브라질은 기본적으로 농업국가의 틀에서 크게 벗어나지 못하고 있었다. 약 5000만 인구 중에서 약 2/3가 농촌이나 비 도시지역에서 거주하고 있었으며 산업기반은 아직 초기단계였으며 도시 중산층은 거의 존재하지 않았다. 빈민촌이나 도시범죄 등도 없었고 전통적인 가치가 별 의혹 없이 지켜지던 시대였다.

2차 세계대전은 브라질산 원자재 값을 상승시키는 결과를 가져오면서 브라질 경제에 새로운 활력을 불어넣지만 반면에 문맹률과 유아 사망률은 세계에서 가장 높은 나라들 중 하나로, 브라질에 전반적으로 과거와 현재가 공존하는 시기가 또한 50년대이다.

2차 세계대전 종반 이후인 1939-1945년 사이에 유럽으로부터 많은 식자층이 브라질로 이주해 옴으로 해서 브라질에서 문화와 예술이 꽃피우게 되는데 그중에서도 특히 상 파울루가 대표적인 도시가 된다. 그리고 전 세계적으로 파시스트 정권이 무너지면서 바르가스^{Vargas} 정권 또한 입지가 좁아지며 브라질도 보다 더 자유스러운 분위기에 대한 욕구가 강하게 나타나는 시기이기도 하다.

50년대의 광고는 이러한 사회적 분위기, 특히 사회적으로 양극화되기 시작하는 모습을 반영하고 있다. 대부분의 광고들이 싸구려 향수, 대

중 약품, 면도날, 담배, 코카콜라 등을 선전하면서 50년대 브라질이 가
난과 궁핍한 모습을 보여주고 있지만 다른 한편으로는 국내외 항공여
행 광고가 등장하며 TV 수상기 광고가 처음으로 등장하는 등 부유층
을 겨냥한 광고가 등장하는 시기이기도 하다.

1952

1956

1958

1954

이전의 광고가 새로운 소비재를 알리고 시장을 형성하는 데 주안점
을 두고 있다면 50년대는 비로소 마케팅 개념이 도입되면서 경제력을
기반으로 한 구매 계층에 따른 광고가 등장하는 시기로 볼 수 있다.

50년대 주요 광고주나 광고회사들은 모두 히우 지 자네이루에 기반을 두고 있었다. 히우는 당시 브라질의 정치 경제적인 수도였다. 광고의 중심이 상 파울루로 이동하는 시기는 50년대 종반이다. 당시 상 파울루는 히우보다 작았지만 경제적으로나 문화적으로나 매우 역동적인 도시였고 실제로 브라질 최고의 박물관도 히우가 아닌 상 파울루에서 세워졌고 브라질 최초의 광고학교인 상 파울루 광고학교Escola de Propaganda de São Paulo도 1951년 상 파울루에 세워진다.

상 파울루 광고학교(Escola de Propaganda de São Paulo: ESPM)

2차 세계대전 이후 종전 분위기와 함께 브라질 경제가 활황을 맞이하면서 경제, 인구, 외국인 투자 등이 급격히 팽창하는 시기였다. 따라서 광고 분야에서도 숙련된 전문가들을 필수적으로 요구되던 시기였다. 상 파울루 광고학교는 이러한 시대적 요구에 부응하기 위해서 1951년 호돌푸 리마 마르뗑센Rodolfo Lima Martensen, 상 파울루 예술박물관Museu de Arte de Sao Paulo, MASP의 창설자인 삐에뜨루 마리아 바르지Pietro Maria Bardi, 그리고 커뮤니케이션 영역의 대가였던 아시스 샤또브리앙Assis Chateaubriand이 모여서 설립한 학교이다.

삐에뜨루 마리아 바르지   리마 마르뗑센   아시스 샤또브리앙

상 파울루 광고학교 설립 당시 교수진

상 파울루 광고학교 광고

초기 학교 광고

　설립 당시 이름은 Escola de Propaganda do Museu de Arte de São Paulo로 1955년까지 MASP 내에 위치하고 있었다. 이러한 이유로 해서 당시 광고는 마치 예술처럼 여겨졌다. 1970년에 Escola Superior de Propaganda e Marketing(ESPM)으로 명칭을 바꾸고 1971년에 교육부 인가 교육기관으로 발전한다. 1974년에는 히우 지 자네이루에 분교를 개설하고 1978년부터 대학원과정을 운영한다. 1980년대에는 리오그란데 주 술Rio Grande do Sul 주의 주도인 뽀르뚜 알레그리Porto Alegre에 분교를 개설한다.

ESPM RJ

ESPM POA

1950년 브라질 광고액은 1억 천만 달러 정도였고 약 6000만 명의 인구에 1인당 광고비는 2달러 정도였다. (50년 후인 2000년에는 광고비 규모가 70억 달러이고 1인당 광고비는 약 45달러로 22배 정도 규모가 커진다. 경제규모가 165억 달러에서 7조 500억 달러로 13배 증가하는 데 비해 광고시장의 규모는 배 이상 가파른 상승을 보이고 있다.)

50년대 광고의 특징

50년대 광고와 오늘날 광고의 기본적인 차이는 50년대의 광고가 객관적이고 구체적이며 표현보다는 내용에 중점을 두고 있다는 점이다. 오늘날의 광고는 주관적이고 종종 초현실주의적이며 내용보다는 표현에 더 무게를 둔다. 이러한 광고 자체의 차이도 있지만 50년대의 광고는 광고 대상이 오늘날의 대상과 다르기도 하다.

50년대는 아직 브라질을 포함해서 서구사회가 여전히 산업화시기에 머물고 있던 시대였기 때문에 기본적으로 상품에 대한 정보를 제공하는 것이 광고의 주된 목적이었다. 이 시대의 구매계층은 주로 문자해독이 가능한 계층이었다. 그래서 50년대의 광고는 문자 교육

1953년

1959년

을 받아 신문과 잡지를 읽을 줄 아는 소수를 대상으로 하는 광고가 주를 이루었다. 라디오는 속어나 일상어를 사용하는 경우가 있었지만 대부분의 인쇄광고들은 요즘보다도 더 엄격하고 정제된 표현을 사용하고 있다.

4.2 60년대의 브라질 광고

사회개황

브라질에서 60년대는 브라질리아Brasília가 건설되면서 새로운 시대에 대한 희망과 구태로부터 벗어날 것이라는 장밋빛 청사진이 펼쳐지던 시기다. 그러나 전 세계적으로는 동서 냉전의 시기가 시작되는 시기였고 구소련과 미국의 이데올로기적 긴장과 대치상황, 매카시즘의 망령 속에서 정치적 마녀사냥이 횡횡하던 시절이었다. 그리고 이러한 시대적 흐름은 라틴 아메리카에서도 그대로 반영되었다. 정보통신수단의 발달은 브라질도 이러한 세계적인 흐름 속에서 동떨어져 있을 수만은 없게 했으며 브라질 내부에서도 사회계층과 집단 간 좌우의 대립을 야기하였다.

조앙 굴라르João Goulart의 좌파 정권이 군사 쿠데타에 의해 무너지면서 브라질은 향후 20년 동안의 군사독재를 거치게 되고 희망의 상징이었던 브라질리아는 이제 악몽이 된다. 그러나 이러한 정치적 혼란에도 불구하고 독재정부 기간 동안 브라질 광고는 괄목할 만한 성장을 이룬다. 보수적 군사정권의 기득권 유지 노력과 브라질의 좌경화를 우려하는 미국의 이해가 맞아 외국, 특히 미국자본의 유입되면서 자본 투자가 증가하여 유동성이 높아지고 권력보존을 위한 국가차원의 정치적 선전이 늘어나면서 광고 물량이 늘어나게 된다.

AME-O OU DEIXE-O

1960-1970
브라질 정부광고
"브라질, 사랑하거나 떠나거나"

브라질 국가 선전

　반면에 브라질의 사회 정치적 분위기는 매우 가라앉아 있었다. 엄격한 검열을 피하기 위해서 민감한 주제나 내용은 다루어지지 않거나 다른 형태로 변형되기 일쑤였다. 이러한 분위기 속에서 지식인들은 고립되었고 현실 참여적 지식인들은 브라질을 떠나가기도 했다.

군사독재 시절 민중 탄압의 모습

언론 탄압과 검열
그리고 이에 반대
하는 시위대

이 시기에 브라질 인구는 약 1/3 정도 늘어나고 연평균 43%에 달하는 인플레이션에도 불구하고 국가총생산량은 80% 그리고 국민소득은 35% 증가하여 일인당 국민소득 1,820달러에 이르게 된다. 70년대는 중산층의 증가와 함께 자동차 산업이 성장이 눈에 띄는 시기이다. 경제 성장의 분위기 속에서 미국과 유럽으로부터의 투자가 특히 상 파울루를 중심으로 늘어나면서 브라질 근대사에서 처음으로 중산층이 성장하게 된다.

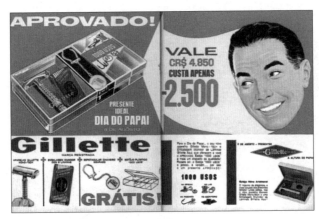

인플레이션에 따
른 가격 폭등을
보여주는 광고

중산층의 등장은 상품의 소비가 상품의 1차적인 목적만을 위한 것이 아니라 그 상품이 지니고 있는 부가적 가치를 목적으로 하는 소비 패턴을 낳게 한다. 중산층은 최소한의 또는 절대적인 빈곤이나 결핍으로부터 벗어난 계층으로, 잉여소득을 가지고 있어 소비 성향이 실용적인 것과 함께 추상적인 가치를 함께 고려하여 구매를 결정하게 된다.

이러한 예의 가장 단적인 경우가 자동차 광고이다. 다음 광고는 자동차를 구매해야 하는 이유가 단지 이동과 운송을 목적으로 하는 것이 아니라 사회적인 지위, 자동차가 있음으로 해서 나아질 수 있는 삶의 질 등을 소구하고 있다.

자동차가 운송의 기능을 벗어나서 부가적인 목적으로 욕망의 대상이 되기 시작한다.

이 시기에는 인구가 증가하는데 높은 출산율과 함께 아이나 유아를 대상으로 하는 산업이 팽창하게 되고 이에 따라서 육아나 아이들과 관련된 제품의 광고가 늘어나는 시기이기도 하다.

존슨 & 존슨, 1968

Ninho Leite, 1960-1964

자동차 공장의 노동자가 젊은 기술자보다 월급을 더 받았는데 이러한 신흥 중산층 계급이 도시로 집중되면서 이들이 집이나 차량을 구매하는 데 필요한 금융상품을 이용하게 되고 이는 각종 생활용품의 소비로 그리고 다시 해당 관련 산업의 활성화로 이어졌다. 또한 날로 늘어나는 상점과 상품은 자연스럽게 광고의 증가로 이어졌다.

마케팅 환경

60년대는 50년대부터 도입된 마케팅이 오늘날의 의미로 발전하여 사용되는 시기이다. 60년대 중반 이후의 경제번영과 함께 마케팅은 빠르게 발전한다. 60년대 종반의 브라질 마케팅은 세계적인 수준이었으며 당시의 사회경제적인 흐름을 정확히 반영하고 있었다. 존슨앤존슨, 질레트, 코카콜라, 콜게이트-팔몰리브, 네슬레 등이 당시 현대적인 마케팅 기법을 도입하고 적용한 대표적인 회사들이다.

그런데 이들 회사들이 대부분 소비재를 생산하는 기업들이라는 데 주목할 필요가 있다. 이것은 당시 브라질의 산업구조가 생산재 중심이 아니었거나 생산재 산업에 비해서 소비재 산업의 발달과 팽창 속도가 월등히 빨랐음을 보여주는 증거이다.

코카콜라, 1969
"코카콜라와 함께라면 모든 게
좋아질 거야"라는 카피는 당시
군사독재정권하에서 브라질
사람들의 암울한 마음과
희망을 잘 표현하고 있다.

외국 기업과 다국적 기업들의 근대적 마케팅 전략과 그에 상응하는 광고작업을 통해 브라질 시장에서 외국 상품들은 토종 상품들과의 경쟁에서 우위를 확보하게 된다. 일례로 콜린스 치약은 브라질 현지에 불과 1,5000달러를 투자해서 상품을 생산하여 브라질 시장의 50% 이상을 점유하면서 수천만 달러를 벌어들였다.

콜린스 치약 광고, 1961

정치적 자유와 표현의 자유, 인권이 탄압되던 독재정부 시기에 예술가들은 민감한 부분을 직접적으로 묘사하거나 표현하는 대신에 미적, 회화적으로 보다 예술적인 영역에 치중하게 되는데 이 시기에 광고 산업 역시 눈부신 성장을 한다. 1967년 브라질 최초의 쇼핑몰인 이구아테미Iguatemi가 상 파울루에 들어서고 슈퍼마켓 등 대형 할인매장들이 등장

하면서 소비와 판매가 증가한다. 이제 광고는 단지 소비자들에게 상품을 소개하는 것을 떠나서 다른 브랜드의 같은 상품들 중에서 차별화하여 소비자들의 선택을 소구하는 기능이 중요하게 된다.

상 파울루 쇼핑몰 이구아테미

1965년부터 1975년 사이에 브라질 광고는 양적인 면뿐만 아니라 질적인 면에서 유래 없는 성장과 성공을 거둔다. 50년대부터 시작된 선진 광고제작 기법을 도입해서 광고제작의 기초가 튼튼했고 고도의 경제성장과 함께 광고제작의 필요성과 차별성이 요구되면서 브라질 광고는 성장을 거듭했다. 특히 군사독재 정부의 가혹한 검열과정을 피하기 위해서 은유와 이미지 중심의 예술적인 광고가 발달하게 된다.

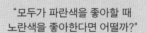

"모두가 파란색을 좋아할 때
노란색을 좋아한다면 어떨까?"

카피와 페인트라는 맥락만으로 본다면
다채로운 색을 제안하는 광고가 된다.
그러나 군사정권하의 일체성, 단일성,
정형성 등의 사회적 맥락을 고려한다면
파란색은 군사정권과 정권 추종자들을
상징하고 노란색은 투쟁을 상징하는 것
으로도 해석될 수 있는 민감한 내용을
은유적으로 표현하고 있다.

Carol 페인트 광고, 1965

1966-1976년 사이 사회적 주요 이슈

1. 장고Jango와 브리졸라Brizola가 브라질에 헤뿌블리까 신디깔리스따 Republica Sindicalista를 도입하려 함. 군사 구테타를 야기함

2. 신 수도 브라질리아 건설과 자동차 산업을 육성한 쿠비체크 대통령의 서거

3. 브라질 석유 매장량이 처음으로 확인됨

4. 북동부지역의 빈곤이 사회문제로 대두됨

5. 아마존 개발이 시작됨

6. 대도시화의 진행과 도시문제의 발생

7. 호베르뚜 깜뽀스Roberto Campos에 의한 경제정책 실행

8. 구소련 유리 가가린의 우주비행과 함께 우주개척 시대가 도래함

9. 금혼에 대한 가톨릭 사제단의 반발이 브라질 및 전 세계의 가톨릭 교회에 파문을 일으킴

10. 이혼의 합법화 논쟁이 일어남

11. 축수선수 펠레 신드롬이 일어남

12. 비틀즈의 해체

TV의 등장

브라질에서 첫 TV 방송국은 1950년에 상 파울루에서 개국한 TV〈뚜삐Tupi〉이며 이어서 히우에서 〈카나우 6Canal 6〉가 개국을 했다. 50년대의 TV 방송은 라디오 방송을 크게 위협하는 존재는 아니었다. 라디오 방송으로부터 기술자, 프로듀서, 아티스트 등 모든 것을 도입했고 새로운 매체에 대한 인적, 물리적 기반을 충분히 갖추고 있지 못했기 때문에 50년대의 TV는 단지 영상이 있는 라디오 수준이었다. 그러나 1960년 브라질리아 건설과 함께 TV 방송은 여러 가지 면에서 라디오 방송을 앞

지르게 된다.

브라질 중부 내륙에 건설된 브라질리아는 열악한 도로사정과 거리 등의 문제로 접근성이 매우 떨어져 매우 고립된 도시였다. 브라질 정부는 이러한 문제점을 인식하고 해결하기 위해서 새로운 미디어인 TV를 적극적으로 이용하는 정책을 편다. 새로운 미디어에 대한 정부의 적극적 개입은 대중매체를 통한 사상통제의 기능도 있었지만 어째든 새로운 매체, 즉 TV가 급속도로 성장할 수 있는 발판이 되었다.

4.3 70년대 브라질 광고

개황

70년대는 중반 이후로 사회가 전반적으로 독재정권에서 점차 평화적인 방법으로 민주화가 진행되는 시기였다. 경제성장, 대규모 공사 그리고 축구는 당시 브라질 사람들이 브라질 정부로부터 기대할 수 있는 거의 모든 것이었다. 당시 브라질 정부의 슬로건은 "브라질을 사랑하든지 아니면 떠나든지(Brasil, Ame-o ou Deixe-o)"였다.

70년대에 브라질은 세 번째 월드컵에서 우승을 하며 자원산업, 자본이 괄목할 정도로 발전하고 소비가 증가하여 농산업에서 근대화가 진행된다. 쇼핑센터, 슈퍼마켓 등의 새로운 소비체제가 생기고 기업인들은 경제성장에 따른 소비증가에 대응하기 위해 마케팅 기법을 도입한다.

메디치Medici 정부는 인플레이션을 비교적 안정적으로 유지하면서 트란스 아마조니아 고속도로, 이따이부 댐, 리오-니테로이 가교, 지하철 등 굵직굵직한 사업들을 벌이고 제철소, 정유시설, 석유화학 산업 분야에 투자를 확대해가면서 경제성장을 도모한다. 그러나 이러한 밝은 경제적인 측면이 있었는가 하면 정치적으로 반대자를 수감하고 언론을 탄압하며 권력을 행정부에 집중시키는 어두운 측면도 공존했다.

70년대의 마케팅

미시적인 관점에서 보면 70년대는 브라질 산업의 근대적 기반이 마련된 시기라고 할 수 있다. 제철소, 수력발전소, 석유화학산업, 원자력발전 등이 국가의 지원과 외부의 투자로 이루어졌다.

1973년 1차 오일쇼크에 따른 세계적 경기 침체에도 불구하고 브라질은 연 10%의 경제성장을 구가한다. 가격 통제에도 불구하고 이윤의 폭이 좋았으며 인플레이션도 통제 가능한 수준이었다. 그러나 이러한 성장 이면에는 국내외 부채의 증가가 도사리고 있어 향후 브라질을 질곡에 빠트리게 하는 위험요소를 지니고 있었다.

이 시기의 일반적인 시장상황은 시장의 급속한 팽창에 따른 수요를 감당하지 못하는 생산과 공급이 부족한 상태였다. 이러한 수요와 공급의 불균형과 아직은 소비시장에서 경쟁이 가시화되지 않은 현실 속에서도 기업이나 생산자들은 미래에 대한 확신을 갖고 자신들의 상품이나 브랜드가 소비자들에 보다 가까이 다가가고 깊이 각인될 수 있도록 마케팅과 홍보에 눈을 돌리기 시작한다.

이전 시기의 광고들이 상품을 직접적으로 소구하는 방법을 주로 사용한 반면에 70년대 브라질 광고는 잠재의식 효과를 이용하기 시작하면서 다양한 형태의 소구방법들을 사용해서 광고를 만들기 시작한다.

설탕을 대신하는 저 칼로리 Assugrin 광고, 1978

상품과 배경 인물 사이에 직접적인 관계가 없지만 미모의 날씬한 여성을 전면에 보여줌으로 설탕의 칼로리와 비만을 연결시키고 광고 제품에 비교나 동경의 대상을 위치시킴으로 은연중에 설탕에 대한 거부감을 유발시키고 있다.

브라질의 경제 성장은 브라질 자국 사람들에게 자신감과 자긍심을 갖게 하며 브라질적인 것을 내세우게 하는 영향을 끼치는데 이러한 브라질 사람들의 70년대 사고를 잘 반영하는 광고로 다음의 두 광고를 들 수 있다.

Bayer, 1976

인디오는 등장하지 않지만 브라질 인구 구성에서 가장 많이 차지하는 흑인, 물라토, 백인을 모두 등
장시켜 하나가 된다는 이미지를 구성하고 있는 광고다.

1930년대까지 브라질은 서로 다른 피부색이 섞여 있는 것에 대해서 매우 부정적인 생각을 지니고
있었다. 이후 모더니즘 시기를 거치면서 브라질적인 것에 가치를 부여하기 시작하고 브라질을 브라
질답게 만드는 요소로 받아들이게 된다. 70년대의 괄목할 만한 브라질의 경제성장은 브라질적인 요
소들이 더 이상 브라질 성장과 발전에 저해요인이 아니라는 것을 증명해주는 계기가 되면서 브라질
특유의 인종적 사회에 대한 자신감을 갖게 한다. 바이엘 광고는 당시 이러한 브라질의 사회적 분위
기를 잘 반영하고 있는 광고로 보인다. 회사명인 바이엘과 브라질의 대표적인 흑백혼혈 도시인 바이
아Baiha의 음가가 서로 비슷하다는 것도 이 광고에서 주목할 만하다.

에어프랑스 꽁꼬르드 Paris-Rio 광고, 1976

에어프랑스사와 브라질은 1975년 5월 6일 꽁꼬르드Concorde기의 브라질(히우) 취항에 관한 협약을 체결한다. 꽁꼬르드기의 정기 취항은 1976년 1월 21일부터 시작하는데 첫 취항 노선이 런던-바레인과 파리-히우 구간이었다.
세계 최초의 초음속 여객기인 꽁꼬르드기의 최초 정기항로에 브라질 구간이 포함된 것은 70년대 경제 성장으로 자신감과 자긍심으로 가득 차 있었던 브라질 사람들을 고무시켰으며, 독재에서 민주화의 과도기에 있었던 당시 브라질 정부는 이 광고로부터 브라질이 세계 선진국가로부터 그 위상을 인정받고 있다는 상징적인 효과를 얻어낼 수 있었다.

　　브라질 광고가 그 초석을 마련한 시기는 1970년대라고 할 수 있다. 이른바 광고 전문가들이 등장했으며 신문 이외에 주간지, 월간지 등 잡지가 등장함으로써 주기적인 광고 소비가 늘어났다. 또한 TV가 대중매체의 중심으로 자리 잡음으로써 새로운 광고기술이나 기법이 등장하게 된다.
　　이 시기 광고에서 눈에 띄는 현상 중 하나가 화장품이나 미용 관련 상품 그리고 여성의 몸매와 관련된 상품의 광고가 늘어난다는 점이다.

Christian Dior,
1974

Lycra, 1978

1975

1978

US TOP 청바지 광고, 1975, 1978

70년대 청소년들은 이른바 히피 문화의 영향으로 옷을 단정하지 않게 입는 것이 마치 젊은이들의 상징인 것처럼 여겼다. 이때 등장하는 형식적이지 않은 청바지 선전은 젊은 층에게 이러한 시대적 모습을 이용하여 소구하고 있다.

4.4 80년대 브라질 광고

개황

브라질의 80년대는 군부독재정권이 점차 시민 민주정권으로 이양되는 과도기적 시기였다. 지제우Geisel 대통령에 이어서 국가수반에 오른 조앙 피게레이루João Figuereiro는 전임 지제우 대통령의 정치개방 정책을 계승했는데 개방 정책을 수행하는 가운데 극우파의 폭탄테러 등 반대세력을 극복하는 것이 쉽지만은 않았다.

조앙 피게레이루(1918-1999)

브라질 제 30대 대통령(1979-1985)
전임자인 지제우 대통령의 개방정책을 승계하여 정치인 사면 등 정치적 개혁을 실시했으며 양당제를 철폐하고 복수정당을 허용했다. 1964년 군사정권 이래 처음으로 민주선거를 실시한 대통령이다.

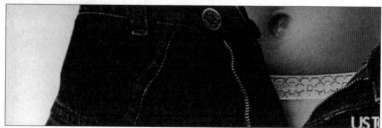

US TOP, 1982

민주화에 대한 열망과 개방의 시대적 흐름은 광고에서도 다양한 표현으로 나타나는데 그 가운데 하나가 과거에 비해 보다 도발적인 이미지를 사용하는 것이다.

정치자유화의 바람과 함께 브라질 경제의 중심지인 상 파울루와 히우 지 자네이루의 거리에서는 늘 노동자의 권리를 주장하는 파업과 데

모가 끊이지 않았다. 브라질 북동부지방은 유래없는 가뭄으로 고통을 겪고 있는가 하면 남부는 물난리로 조용할 틈이 없었다. 이런 혼란의 과도기 속에서도 1980년 교황 요한 바오르 2세의 브라질 방문은 브라질 국민들에게 기쁨을 안겨주는 사건이었다.

정치적으로 피게레이루 대통령은 대통령 직선세 요구와 해외 망명자들의 브라질 정치무대 복귀로 혼란한 가운데서도 점차 개방의 변화가 나타나고 있었다. 그동안 각종 검열로 억압되었던 광고에서도 이러한 변화의 조짐이 나타난다.

피게레이루의 뒤를 이어서 대통령이 된 땅끄레두 네비Tancredo Neves가 취임 전에 사망하자 부통령 지명자였던 주제 사르네이Jossé Sarney가 대통령이 된다. 사르네이는 1986년 끄루제이루Cruzeiro 계획을 통해 브라질의 살인적인 인플레이션을 잡으려고 했지만 실패했고 1989년에는 베라웅Verão 플랜으로 다시 한 번 물가안정을 시도하지만 이 역시 실패하고 만다.

주제 사르네이(1930-)

브라질 제 32대 대통령 (1985-1990)으로 인플레이션을 잡기 위해 끄루제이루 계획을 실시하나 성공하지 못하고 국가 부채의 증가로 모라토리움을 선언하게 된다.

80년대 브라질 시대 상황 중에서 눈에 띄는 하나는 인류 생존과 관련지어 환경보존에 대한 우려가 나타나고 있다는 점이다. 특히 아마존 개발과 보존의 문제는 인류 전체에 영향을 끼치는 것이기 때문에 세계 환경론자들의 관심이 브라질에 쏠리게 된다. 특히 시꾸 멘지스Chico Mendes

의 죽음은 아마존의 열대 우림과 인디오들의 보존이라는 문제를 수면
으로 떠오르게 하는 계기가 되었다.

Shampoo Natura,
1984

친환경적 이름과 함께
사용 후 재충전(refill)
할 수 있다는 점을 강조
하면서 환경보존과 자연
친화적인 콘셉트를 내세
우는 광고로 이 시기의
화두로 떠오른 환경보존
문제를 키워드로 하고
있다

80년대 마케팅 환경

80년대 광고계는 비관과 낙관 사이에서 크게 요동치고 있었다. 세계 광고계에서 높아지는 브라질 광고의 위상은 브라질 광고회사들이 충분히 광고주에 대한 지배력에 대해서 저항할 수 있는 자신감을 심어 주었다.

80년대 브라질 광고는 칸을 비롯한 세계적인 광고대회에서 많은 수상작을 내면서 브라질 광고의 독창성과 우수성을 과시하고 있었다. 국제광고제에서 거둔 수상 실적은 브라질 광고의 위상을 제고하게 되고 브라질을 대표하는 워싱톤 올리베뚜Washington Olivetto와 넬수 지 멜루Nelso Homem de Melo 두 광고인이 국제대회의 심사위원으로 위촉되는 성과로 이어졌다. 아울러 브라질 광고업계의 팽창을 유도했다. 상위 12개 광고사들 중에 8개가 브라질 광고회사였다.

1981년 브라질 광고사 순위

순위	광고사	광고액 (10억 Cr$)
1	MPM	4,23
2	Almap	3,24
3	Salles	2,80
4	McCann	2,80
5	DPZ	2,20
6	Norton	2,16
7	Denison	2,10
8	JWT	2,04
9	Standard	1,74
10	Artplan	1,18
11	Lintas	1,18
12	CBBA	1,10

출처: Propaganda Brasileira, p.186

반면에 브라질 광고의 주된 광고주들은 여전히 다국적 기업들이
었다.

1981년 브라질 광고주 순위

순위	광고주
1	Souza Cruz
2	Pao de acucar
3	Nestle
4	Alpargatas
5	Gressy-Lever
6	D'Orsay
7	Mappin
8	Vokswagen
9	Mesbla
10	J & Johnson
11	Philip Morris
12	CEF

출처: Propaganda Brasileira, p.188

정치 민주화와 개방정책의 분위기 속에서 브라질 광고는 상당한 표
현의 자유를 누리면서 창의적인 광고를 만들 수 있었는데 80년대에 눈
에 띄는 모습은 이전 시기에 비해 주제 면에서는 삶의 질과 관련한 광고
들이 나타나며 이미지 면에서는 성적 소구sex appeal를 보다 직접적으로 하
는 광고들이 출현하기 시작한다는 점이다.

Ericsson 무선전화기 광고, 1989

1986

1980년대는 세계적으로 전에 없던 새로운 상품들이 대거 등장하는 시기이다. 군사정부에서 민간정부로 이어지는 점진적인 변화 속에서 브라질 사람들의 삶의 질에 대한 태도 변화를 엿볼 수 있는 대목이다.

Herig 여성 속옷 광고, 1989

수영복을 입은 여성과 속옷을 보여주는 여성은 성적 소구에서 결코 동일한 이미지가 아니다. 70년대에는 성적 소구의 방법으로 수영복을 입은 여성들의 이미지가 주로 사용된 반면에 80년대에는 여성의 세미 누드가 그대로 광고에 사용된다.

  1980년대 만들어진 광고들 중에서 수작으로 꼽히는 것이 바로 다음의 여성 속옷 광고이다. 이 광고는 여성 속옷 메이커인 발리세르^{Valisere}의

1987년도 브래지어 광고인데 "잊지 못할 내 생애 첫 번째 브래지어"라는
콘셉트로 제작되었는데 잔잔하면서도 누구나 공감할 수 있는 탄탄한
스토리텔링이 돋보이는 작품이다.

W/ Brazil, 1987

친구들과 무용 수업을 받던 아이가 다른 친구들의 가슴과 자기 가슴을
비교하면서 자신의 작아 보이는 가슴 때문에 속상해한다. 그다음 장면
은 아버지가 이 아이의 침대 위에 선물을 놓고 나가는 장면이다. 아이

는 수업이 끝나고 탈의실에서 옷을 갈아입으면서 다른 친구들이 브래지어를 하고 있는 것을 부럽게 쳐다보면서 자신이 브래지어를 안 하고 있음에 부끄러워하고 남이 보지 못하게 옷장 문으로 몸을 가리고 옷을 갈아입는다. 속상한 마음에 집에 와서 우울하게 침대에 앉았다가 아버지가 놓고 간 선물상자를 확인하고 그 속에 브래지어가 있음에 놀라고 좋아한다. 브래지어를 착용하고 이리저리 자신의 가슴을 거울에 비추어 보다가 거리로 나간다. 거리에서 가슴을 당당히 펴고 걸어가는 모습과 함께 "내 인생에서 잊지 못할 첫 번째 브래지어 발리세르"라는 카피가 내레이션으로 흘러나온다.

청소년기의 신체변화에 다른 소녀의 심리변화와 말없이 아이의 고민을 풀어주는 아버지의 사랑, 그리고 처음으로 브래지어를 하고 자신감을 되찾는 이야기가 잔잔하면서도 누구나 공감할 수 있게 잘 구성된 감성 소구형 작품이다.

Valisere 브래지어 광고, 1987

4.5 90년대 브라질 광고

개황

군사독재 정부에서 민주 정부로 이양된 시기로 꼴라르[Collar] 대통령이 29년 만에 브라질에서는 처음으로 47세 이하의 국민들도 참여하는 선거를 통해서 대통령이 된다. 당시 꼴라르와 경합을 벌였던 사람은 후에 브라질 대통령이 된 룰라[Lula da Silva]였다.

꼴라르정부는 민주정부이기는 했지만 브라질의 경제위기를 타개하지는 못하고 오히려 혼란을 가중시켰다. 예금의 동결, 수입규제의 철회, 정부조직과 민영화 사업의 재조정은 브라질 시장을 흔들어놓았고 결국 기업의 파산과 실업 그리고 통제불능의 인플레이션으로 나타났다.

엥리께 까르도주(1931-)
34대 브라질 대통령
(1995-2003)

꼴라르에 이어서 대통령직에 오른 프랑꾸[Itamar Franco]는 당시의 농림부 장관이었던 엥리께 까르도주[Fernando Henrique Cardoso]와 함께 새로운 경제 정책인 헤알 플랜[Real Plan]을 피면서 살인적인 인플레이션을 잡고 통화를 안정시킴으로서 브라질 경제를 안정적인 상태로 회복시킨다. 까르도주는 프랑꾸에 이어서 브라질 대통령에 당선되어 자신의 헤알 플랜을 지속적으로 펼친다. 90년대 처음 5년간 평균 인플레이션이 1,210%에 이르렀는데 까르도주 대통령이 집권한 이후 후반기에는 10.5%로 기적적인 경제 안정화를 이룬다.

90년대는 브라질 기업과 경제가 품질과 생산성 측면에서 전 세계와 경쟁을 해야 하는 시기에 접어들었으며 경쟁력을 확보하기 위해서 새로운 변화에 빠르게 적응해야 하는 시기였다. 정보통신의 급속한 발달은 그동안의 브라질 사회의 도덕적 기준에 변화를 가져왔다. 여론의 압력 속에서 정치가나 공직자들의 불법적인 행위에 대한 통제나 제재 법규들이 마련됨으로 해서 권력에 대한 높은 도덕성과 통제력이 제고되었다. 반면에 브라질 사회는 개인 생활, 섹스, 연애와 결혼 등에 대해서는 점점 관대해지고 있었다.

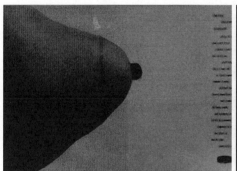

Dannone 요구르트 광고, 1996

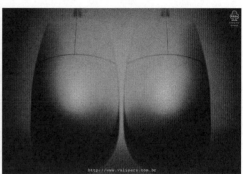

Valisere 브래지어 광고, 1997

Valisere 속옷 광고, 1998

브라질 사회의 개방적 태도는 90년대 들어서 브라질 광고에서 성적 소구를 통한 다양한 표현이 등장할 수 있게 하는 밑거름이 된다. 광고에서 성적 소구는 가장 많이 사용되는 방법이지만 표현하는 수위나 방법은 성에 대한 사회의 인식에 크게 영향을 받는다. 브라질이 성에 대해서 상당히 자유롭다고 할 수 있지만 광고에서 성적 표현이 다양한 표현기법을 통해 전면에 등장하는 시기는 90년대로 본다.

90년대는 또한 브라질이 환경문제로 국제사회에서 주목을 받고 그 중심에 서게 되는 시기다. 브라질은 국토와 자원의 개발이라는 실질적인 관점에서 아마존 등 열대우림지대의 개발을 고려할 수밖에 없었고 이미 산업화 과정을 겪어 선진국의 위치를 점유한 미국과 유럽의 국가들은 지구의 허파로 불리는 아마존 개발의 문제점을 지적하기 시작한다. 브라질은 자원개발과 환경보존이라는 양립 불가능해 보이는 두 문제를 앞에 두고 있었다.

Save the Amazon. Stop arson.

아마존 환경보호 캠페인, 1998

3부

—

브라질 광고 산업

1. 광고 산업 개관

브라질의 주요 수출 품목은 항공 운항장비, 철광석, 대두, 신발류, 커피, 자동차류 등이며 브라질 경제력의 약 45%가 상 파울루(24.4%), 히우지 자네이루(15.3%), 뽀르뚜 알레그리[Porto Alegre](3.4%) 헤시피[Recife](2.4%)의 네 개 도시에 집중되어 있다. 그래서 대부분의 시장조사는 상 파울루를 중심으로 이루어지고 있다. 하지만 나라라기보다는 대륙에 가까운 광활한 영토, 지역에 따른 경제수준의 편차 그리고 극단적인 빈부의 격차로 인해 상 파울루를 중심으로 행해진 시장조사를 브라질 전체의 시장 특성을 보여주는 자료로 받아들이기는 어려운 점이 있다.

전체적으로 보았을 때 브라질 마케팅의 특징은 미디어 홍보가 36% 정도로 다른 나라들에 비해서 높다고 할 수 없으나 판촉과 후원이 각각 28%와 22%로 다른 국가들에 비해서 매우 높은 편이다.

TV가 주된 광고매체이며 전체 광고비의 약 2/3가 TV 광고에 투자되고 있다. 또 전체 TV 광고 중에서 50% 이상이 글로부[Globo]사의 방송망을 이용하고 있다. TV 다음으로 많은 비중을 차지하고 있는 것으로는 신문인데 약 18%의 시장점유율을 보이고 있다. 인터넷(10%)과 케이블 TV 광고는 미래의 성장 가능성이 높지만 현재로서는 시장점유율이 높지 않다. 유료 TV 광고는 2006년에 9억 5천만 헤알로 전년 동기간 대비 26%의 성장세를 보였다.

Internet: 1.5%	Radio: 4.5%
Cable TV: 1.7%	Magazines: 9.4%
Outdoor: 2.3%	Newspaper: 18.1%
Outside media: 2.6%	Television: 59%

Brown M, Emerging Markets, BRAZIL, 2006

Television	Newspaper	Magazine	Websites
Globo	Folha de S. Paulo	Veja	Google
SBT	Extra	Época	MSN
Record	O Globo	Claudia	UOL
Bandeirantes	Estado de S. Paulo	Isto É	Microsoft
Rede TV	O Dia	Superinteressante	Orkut

매체별 광고유통 점유율 순위

브라질 TV 광고는 30초, 45초 그리고 60초 포맷이 있는데 30초 광고가 가장 많이 사용되고 있으며 프로그램 방송 중 5초 동안 화면 왼쪽 코너에 삽입광고가 사용되기도 한다. 브라질에서는 경쟁을 유발하는 비교 광고는 좋아하지 않는다. 브라질의 광고 퀄리티는 매우 높은 편이어서 소비자나 시청자들의 눈에 띄기 위해서는 매우 높은 수준의 완성도가 요구된다.

1.1 최근 광고시장 성장 추이

2000년대에 들어서 브라질 경제는 지속적인 성장을 하고 있으며 이에 걸맞게 광고시장의 규모도 커지고 있어 2006년 이후 광고비용이 평균 10.4% 늘어나고 있다. 심지어 경제위기였던 2008-2009년에도 광고시장은 4%의 성장을 보였다. 최근 들어 가장 높은 성장률을 보인 시기는 2010-2011년으로 19.8%의 성장을 보이는데 아마도 월드컵 광고가 이러한 높은 성장률을 견인했을 것으로 추측된다.

브라질 광고시장 규모 2005-2011

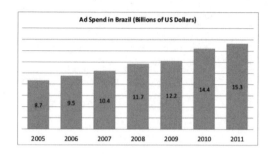

출처: http://www.slideshare.net/USMediaConsulting/report-on-brazils-2012-media-market-2012

브라질 광고시장 성장률 2006-2011

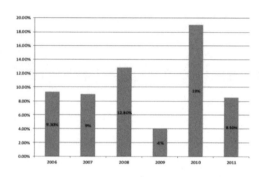

매체별 광고시장 성장 추위 2010-2011

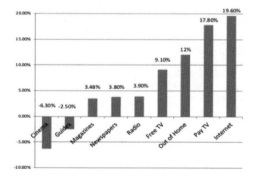

특히 인터넷 광고가의 성장세가 두드러지고 있는데 2013년에서 2015년 사이 평균 성장률이 14%에 이를 것으로 전망되며 2010년에는 지면 형태의 오프라인 광고가 51%로 인터넷 광고에 비에 높았지만 2015년에는 인터넷 광고가 오프라인 광고를 추월할 것으로 보인다.

인터넷 광고와 함께 지속적인 성장을 보이고 있는 영역이 방송광고이다. 2012에서 2015년 사이에 전체 광고시장에서 차지하는 인터넷 광고의 비율일 59%까지 올라가고 방송광고는 40%를 차지하면서 광고시장을 양분할 것으로 예상된다,

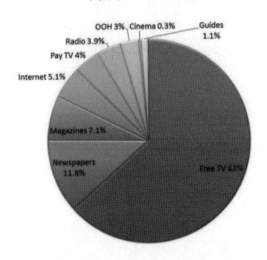

매체별 광고시장 점유율 2011

브라질 광고 시장은 2013년에 프랑스를 앞질러 세계 6위의 광고시장으로 성장할 것으로 보인다. 2010년에 약 129억 달러였던 광고시장의 규모가 2013년에는 163억 달러로 약 15.4%의 가파른 신장률을 보이고 있다. 전통적인 유럽과 미국의 광고시장 역시 3.5%, 3.1%씩 각각 증가

하고 있지만 세계 광고시장의 팽창을 주도하는 나라들은 신흥경제 대국들이다. 브라질과 함께 이 시장을 견인하고 있는 나라는 중국으로 약 13.6%의 성장률을 기록하고 있다. 이러한 수치는 전 세계 광고비용의 35.1%가 이들 신흥국에서 사용되고 있음을 뜻한다. 또한 2015년에는 세계에서 다섯 번째로 큰 광고시장으로 성장할 것으로 예견된다.

1.2 브라질 광고 시장의 변화

프린트 광고는 지속적으로 감소되는 추세이다. 2006년 신문 광고와 잡지 광고가 각각 15.4%와 8.61%를 차지했었는데 2011년에는 각각 11.8%와 7.1%로 감소했다. 반면에 인터넷 광고는 꾸준히 증가세를 유지하고 있는데 2006년 시장 점유율이 2.77%에 불과했던 인터넷 디스플레이 광고는 2011년에는 5.1%까지 높아졌다. 디스플레이 광고와 검색광고를 합하면 2011년 인터넷 광고의 시장점유율은 11%에 이른다. TV 광고가 2009년 10.9%에서 2011년 63.3%로 그리고 유료 TV 광고가 2007년 3.36%에서 2011년 4.19%로 꾸준히 증가하고 있는 반면 라디오 광고는 현상을 유지하는 정도에 그치고 있다.

브라질의 미디어 환경

	TV	인터넷	광대역	모바일
점유율	97.4%	18%	1.2%	48.6%
사용자	1억 7천 400만 명	3천 300만 명	230만 명	8천 950만 명

브라질의 인터넷 환경

- 인터넷 사용자가 2006년 3,300만 명에서 2012년 8,500만 명으로 157%로 증가하였고 이중 6,350만 명이 집이나 회사에서 상시 인터넷에 접속을 하는 파워유저들임
- 세계 5위의 인터넷 사용국으로 컴퓨터 보급률은 50%로 약 1억 명이 브라질에서 인터넷을 사용하고 있음
- 95%의 자동차 구매자들이 구매 이전에 인터넷에서 정보를 수집함
- 67%의 여성 구매자들이 상품이나 서비스 구매 이전에 인터넷을 통해서 정보를 검색함

브라질 인터넷 광고는 2012년 1월부터 7월 사이에 전년도 동기 대비 15.46%가 성장하면서 브라질에서 가장 빠른 신장세를 보이고 있다. 인터넷과 함께 광고매체로 급성장을 하고 있는 것은 유료 TV로 지상파 방송의 광고가 13% 증가한 반면에 유료 TV 광고는 15%가 증가했다. 라디오 광고와 신문 광고는 동기간에 가각 8.8%와 2.95%씩 증가했으나 잡지 광고는 3% 감소했다.

현재 브라질에서 광고매체 1위는 TV로 65%의 시장점유율을 보이고 있으며 그다음으로는 17.5%를 차지하고 있는 인쇄매체이다. 영화관을 이용한 광고는 전체 광고 투자액의 0.33%로 매우 적지만 2012년에 14.2%의 성장세를 보이고 있다.

2. 광고 산업의 구조와 현황

2.1 브라질 광고 규제

브라질 광고는 행정부와 사법부로부터 규제를 받지만 다른 한편으로는 광고종사자들의 자율광고심의 규정을 통해서 규제된다. 특히 브라질은 행정권과 사법부가 관여할 수 있는 제도적인 장치가 마련되어 있기는 하지만 광고종사자들의 자율광고심의규정을 자율적으로 지키고 있어 브라질 광고 산업은 기본적으로 자율규제를 원칙으로 하고 있다.

소비자 보호규정

1990년 9월 11일에 법 제 8078에 의해서 제정된 소비자 보호 규정은 상품에 대한 책임, 광고, 계약 조건과 권리 등으로 구성되어 있고 제품이 이유 없이 소비자의 생명과 건강 그리고 안전을 위협하지 못하도록 하고 있으며 기만적이거나 강압적인 제품의 선전을 금하고 있다. 또한 소비자 보호 규정에 따르면 이미 판매가 된 상품이라도 새로운 위해 요소가 인지되었을 때는 즉시 소비자들에게 이와 같은 사실을 고지해야 할 의무가 있다.

제품에 관한 책임

- 상품이나 서비스를 제공하는 자는 자신들이 공급하는 상품이나 서비스의 기준이 해외시장의 기준에도 부합하도록 해야 한다.
- 소비자 보호 규정 12조는 결함이 있는 제품에 대한 규정으로 상품의 공급자는 제품의 결함이 있을 시 결함으로 인해 발생한 모든 피해를 보상해야 한다.

- 브라질 시장에 상품을 출시하는 경우 제품 결함으로 인한 피해보
  상에 대한 장기계획을 세워야 한다.
- 소비자 보호 규정은 생산기간 이후나 수입이 중지된 이후를 포함
  해서 특정 기간 동안 부품의 교환이 가능할 것을 요구한다.
- 정품 또는 순정부품으로 교환이 될 수 없어서 명시적인 허가 없이
  중고부품으로 교환한 경우 공급자에게는 3개월에서 1년 사이의 징
  역과 벌금이 부과된다.

광고

소비자 보호 규정은 허위광고나 주요 정보의 누락 등을 금지하고 있
다. 특히 소비자보호규정(CDC) 제 67조는 광고의 오용과 남용을 규제하
고 있으며 광고에서 제시된 모든 것이 지켜지지 않을 경우 소비자들이
이를 요구할 모든 권리가 있음을 명기하고 있다. 광고의 내용이 사실과
다를 경우 소비자들은 구매를 취소할 수 있으며 대금을 환급받을 수 있
다. 광고로 인한 오해와 광고의 오용은 소비자 보호규정에 의거하여 범
죄로 간주된다.

다음은 광고와 관련된 법 규정들이다.

- 법률 제 4680호: 광고종사자, 광고 에이전트, 기타 광고매체에 관
  한 법률
- 법률 제 9610호: 저작권 및 기타 문제에 대한 변화, 수정, 통합에 대
  한 법률
- 광고 윤리에 관란 규정
- 법률 268 칙령 2998: 총포류 광고에 관한 법률
- 법률 5197호: 야생동물 보호에 관한 법률

- 법률 9610: 저작권

소비자 보호 규정을 위반하는 광고는 6개월에서 2년 사이의 징역과 벌금 부과의 대상이 된다. 기술적·과학적인 자료를 바탕으로 하지 않는 문건을 사용하는 광고 공급자는 최대 6개월까지 징역형과 벌금이 부과될 수 있다.

계약관계

소비자 보호 규정은 제품의 안전성과 광고의 신뢰성 이외에도 공급자와 소비자 사이의 계약관계에 대한 규정도 포함하고 있다. 많은 경우에서 세계적으로 통용되는 표준약관을 사용하고 있지만 다음 몇 가지는 브라질에서 유독 강조되는 부분으로, 유의할 필요가 있다.

- 공급자는 인건비, 필요한 기자재, 급여조건, 서비스 개시일과 종료일을 포함한 항목별 예산서를 제공해야 한다.
- 공급자, 제조사, 수입업자가 일반적인 형태의 약관을 사용하는 경우 소비자의 권리를 제한하는 내용을 소비자가 쉽게 인지하고 이해할 수 있게 되어 있는지 각별한 주의를 기울여야 한다.
- 모든 내용은 간단하고 명료해야 하고 소비자가 쉽게 이해할 수 있어야 한다.
- 소비자가 계약 후 7일 내에는 조건 없이 계약을 해지할 수 있어야 하며 이 기간 안에 계약을 해지한 경우는 즉시 계약자가 지불한 금액을 환불해주어야 한다. 그러나 계약자는 공급자에게서 받은 어떤 사은품도 돌려주지 않을 수 있다.

주류광고

브라질 주류광고 규정은 단순히 주류상품 광고 이외에 주류소매상의 위치 그리고 알코올중독자를 돕기 위한 공공서비스 강화차원에서 다루어진다. 해당 법규에 따라서 TV에서 주류광고는 밤 9시에서 아침 6시 30분까지만 방송될 수 있다. 맥주광고는 저녁 8시에서 아침 8시까지만 방송할 수 있다.

1996년에 제정된 법에 따르면 알코올 농도 13도 이상의 음료만 주류로 간주되어 광고의 제약을 받았으나 2007년도 대통령령으로 알코올 농도 0.5도 이상의 음료는 주류로 간주하게 되면서 그전까지 주류에 포함되지 않았던 맥주와 포도주 그리고 청량음료까지 포함하게 된다. 과거의 비주류로 분류되던 음료까지 주류에 포함되면서 이들 광고들 역시 엄격한 제약을 받게 된다.

2007년 대통령령에 따라서 주류광고는 국립보건감독국^{National Health} Surveillance Agency, ANVISA의 감독을 받는다. 그러나 ANVISA가 직접 규정을 제정할 수는 없다.

이러한 정부의 정책에 발 맞춰 브라질 자율광고협의회^{CONAR}는 주류광고에 대해서 다음과 같은 규정을 추가했다.

- 주류광고 방송허용시간: 오후 9시 30분에서 오전 6시까지이다.
- 주류 광고에서는 어떤 경우도 아이나 청소년이 등장해서는 안 되며 등장인물은 25세 이상으로 보여야 한다.
- 주류를 섭취하는 모습을 담거나 생각하게 하는 비디오, 오디오, 일러스트레이션을 포함하지 말아야 한다.
- 주류제품 광고에 올림픽 유니폼을 사용할 수 없다.
- "Drink with caution", "The less you drink the more fun you have", "If

you drive, don't drink", "This product is destined to adults"와 같은 경
고 메시지를 반드시 포함하고 있어야 한다.

- 모든 연령층에 노출되는 옥외광고는 소비를 조장하지 않는 상태에
서 주류제품의 노출을 엄격히 제약하며 상기와 같은 경고 문구를 반
드시 포함하고 있어야 한다. 단 다음과 같은 경우는 예외로 한다.

   1) 경기장, 삼바 스타디움, 헬스센터 등 스포츠 경기장에서 고
   정광고의 형태로 제품 자체나 브랜드 그리고 카피만이 등장
   하는 경우

   2) 브랜드나 슬로건의 또는 제품의 노출이 경기를 응원하는 수
   단으로 사용되는 경우

2014년 월드컵과 주류 판매

브라질은 2003년부터 축구 경기장에서 맥주판매를 법으로 금하고
있는데 FIFA의 월드컵 조직위원회는 브라질의 이러한 맥주 금지법 개
정을 요구해왔다. FIFA의 입장에서는 월드컵 시즌 동안 경기장에서 주
류 판매가 수익으로 직결되기 때문에 양보할 수 없다는 입장이었고 브
라질 역시 성공적인 대회 개최와 함께 경제적인 이익을 고려하여 일부
주지사들의 반대에도 불구하고
지우마 후세피 대통령이 축구
경기장에서 알코올 판매에 대한
모든 제약을 없애는 법안에 서
명을 하였다,

담배광고

브라질에서 담배와 주류 광고는 광고 장소, 시간 그리고 광고내용을 법에 의해서 엄격히 통제받는다.

1988년부터 담배광고가 법적으로 규제 대상이 되었으며 담배광고와 판촉에 대한 규제가 도입되었다. 1990년에는 담배의 기만 광고와 불공정 광고가 금지된다. 1995년에는 방송에서 유명인사의 흡연 장면을 방송하지 말 것을 권고하고 공중보건 캠페인에서 담배회사로부터 지원받는 것을 금하게 된다.

2000년부터 담배광고는 포스터, 빌보드 또는 패널 형태로 담배 판매 장소나 파티장소에서만 허용되고 있다. 최근 젊은이들이 많이 모이는 파티 장소에서 담배 선전을 많이 볼 수 있는 이유이기도 하다. 공짜 샘플이나 제품을 나눠주는 판촉행위도 금지하고 있다. 그리고 담뱃갑에는 반드시 담배가 유해하다는 경고문이 있어야 하며 유해성 광고 또한 반드시 포함되어 있어야 한다.

브라질은 세계에서 두 번째로 그리고 라틴 아메리카에서는 첫 번째로 담뱃갑에 경고 이미지를 포함한 나라이다. 브라질에서 담뱃갑의 뒷면은 전체가 정부에서 강제하는 경고 이미지로 채워져야 한다. 2016년까지는 담뱃갑 전면의 30%까지 경고 문구로 채워야 한다.

13,000개비의 담배로 만듦

금연광고, Santa Catarina 주

2003년에는 소매상의 담배광고에 대한 규정도 도입되는데 판매점 담배광고의 10%가 담뱃갑에 포함되는 내용의 경고 이미지를 포함하고 있어야 한다. 2011년에는 담배를 판매하는 곳에서도 담배 그 자체를 디스플레이하는 것 이외의 광고를 금지하고 있지만 아직 온전히 시행되고 있는 상태는 아니다.

상 파울루 옥외광고 규제

세계에서 네 번째로 큰 도시인 상 파울루 시는 2007년부터 오랫동안 도시 미관을 해치고 있던 옥외광고물을 금지시키고 철거해나가기 시작했다. 이 규제가 시행되던 시점에서 옥외광고 업자들의 거센 반발이 있기도 했지만 5년이 지난 2012년 상 파울루 시민을 대상으로 한 여론 조사에서는 응답자의 70%가 광고 없는 도시에 지지를 보내고 있어 성공적인 정책으로 평가받고 있다.

상 파울루는 도시 미관을 정화하는 차원에서 옥외 게시물을 금지한 세계 첫 번째 도시인데 이러한 정책으로 인해서 옥외광고 역시 상 파울루 시에서는 볼 수 없다. 옥외광고에는 종이, 빌보드 패널, 벽 그림 등 모든 것이 포함되며 2007년 1월 1일부터 발효된 이 규정에 따라서 버스, 택시, 자전거, 트레일러 및 항공기의 외부 광고 역시 금지되고 있다. 이 법률 시행 초기에는 논란이 있었지만 현재는 깨끗한 도시 환경에 일조했다는 평가를 받고 있다.

하지만 초기 도시 미관을 명분으로 한 상 파울루 시의 옥외광고 철거는 광고업체나 시민단체로부터 적지 않은 비난을 받았다. 앞의 옥외광고는 이러한 비난의 한 예이다.

브라질어에서 아웃도어즈outdoors라는 말은 옥외광고를 지칭하는 전문 용어로 사용되고 있다. 그런데 아웃도어즈라는 말이 영어에서 '집 밖에

VAMOS DISCUTIR O NÚMERO DE OUTDOORS
EM SÃO PAULO? VAMOS.
VAMOS DISCUTIR O QUE É PRIORIDADE
TIRAR DAS RUAS? VAMOS?

Tomara, mas tomara mesmo, que nos próximos aniversários o paulistano comemore uma cidade nova de verdade.

깨끗한 도시를 만들기 위해서 옥외광고를 규제하는 것이 좋을지 아니면 거리의 노숙자를 정리하는 것이 먼저인지를 냉소적으로 묻는 옥외광고

거주하는 사람'들이라는 의미로 해석될 수 있어 위 광고에서는 아웃도 어즈라는 말이 옥외광고와 노숙자들 동시에 지칭하는 이중적인 의미로 사용되고 있다. 즉 노숙인들 대책을 마련하는 것과 옥외광고를 철거하는 것 중 어떤 것이 더 도시를 깨끗이 할 수 있는가를 묻고 있는 광고이다.

광고 없는 도시는 2006년 9월 당시 상 파울루 시장이었던 질베르또 카사비Gilberto Kassab가 도시청결법령Clean City law을 통과시키면서 시작되었다. 이듬해 1월 1일부터 시행된 이 법은 건물 외벽의 모든 형태 옥외광고 물을 허용하지 않고 있다. 이 법은 건물의 외벽에 설치된 옥외광고물 뿐만 아니라 버스나 택시의 외부 광고를 포함해서 모든 종류의 외부

건물 입간판의 철거 전과 철거 후의 모습 www.buzzfeed.com

도로변 입간판의 철거 전과 철거 후 모습 www.worldchanging.com

광고를 금지하고 있다. 단, 시 소유의 버스 대합실, 시계탑, 우편함, 공중 쓰레기통과 뉴스 가판대 등은 이 법의 규제 대상에서 제외된다. 상점의 간판은 허용되지만 건물의 앞면 크기에 따라 간판의 크기에 제한이 있다.

이 법이 시행되기 전에는 옥외광고 규제로 약 1억 3천 3백만 달러의 경제적 손실과 일자리가 없어지며 건물의 추한 모습이 그대로 드러날 것에 대한 우려가 컸으나 2011년 조사에서 도시 거주민 70% 이상이 광고 없는 도시의 모습에 만족하고 있음을 보여주고 있으며 옥외광고물의 철거는 의도치 않게 도시 건축미를 드러나게 하는 계기가 되었다. 상 파울루의 성공사례를 보고 많은 도시가 거리 옥외광고를 규제하려는 움직임을 보이고 있으며 히우 지 자네이루는 도심에서 옥외광고를 금하고 있다.

광고 비즈니스 측면에서도 처음의 우려와는 달리 새로운 조명이 이루어지고 있다. 실제로 정신없이 바쁘게 움직이는 도심 속 온갖 종류의 형형색색 광고물로 도배된 상태에서 광고주가 의도했던 원래의 홍보효과를 얼마나 달성할 수 있었을지는 매우 회의적이었다. 오히려 옥외광고가 금지되고 철거되자 광고주들은 온라인 소셜 네트워크를 이용하거나 그 안에서 게릴라성 판촉광고 형태를 이용하여 소비자들과 더 많이

옥외광고가 없는 상 파울루 시의 스카이라인 http://www.smartplanet.com

접촉함으로써 홍보효과를 극대화하는 등 새로운 홍보 전략을 구사함에 따라 광고업계도 처음의 우려와는 달리 동반 성장하고 있다.

　도심과는 다르게 도시외곽의 경우는 입간판을 허용하고 있다. 다음 사진은 상 파울루 국제공항에서 도심으로 가는 도로변의 대형 광고판 모습이다.

상 파울루 국제공항에서 도심으로 가는 도로변의 광고

　하지만 옥외광고물들이 철거되고 난 뒤에 광고 설치 시설물이 그대로 방치되어 있어 또 다른 공해의 요소로 등장하고 있다.

의료광고

2012년 이후 의사들이 광고에 참여할 수 있게 되었다. 그러나 의료협회는 건강과 관련된 제품의 광고를 만들거나 지원할 수 없으며 어떠한 경우에도 "최고"라는 말이나 "결과를 보장한다"라는 문구를 사용할 수 없다. 또한 성형수술이나 미용치료에 있어서 "이전과 이후"와 같은 광고를 할 수 없다. 의사들의 경우 자신의 소셜 네트워크 계정에서 본인이 진료하는 병원의 전화번호를 명시할 수 없다.

성인광고

2003년부터 공공매체를 통한 섹스 광고가 금지되었다. 신문과 잡지는 섹스 광고를 할 수 있지만 내용을 볼 수 없도록 봉인된 상태에서 배포되어야 한다.

인터넷 광고 규제

브라질 인터넷 광고는 행정부, 사법부의 규정에 적용을 받을 뿐만 아니라 브라질 인터넷서비스공급자자율규정Codigo de Auto-Regulamentacao de Operadores de Rede e de Servicos Internet의 규제를 받는다. 브라질 인터넷서비스공급자협회Association of Internet Service Providers, ABRANET는 2007년 4월부터 이러한 자율심의를 실시하고 있다.

이 규정의 주된 목적은 인터넷 서비스를 제공하는 사업자들의 윤리규정 준수와 책임 그리고 인터넷 서비스를 이용하는 사용자들의 개인정보 보호이다. 이 규정은 개인적인 계약이나 전자우편, 스팸메일 등에는 적용되지 않는다.

인터넷은 자유로운 공간이지만 담배, 술, 농업용 제초제 및 살충제와 의약품에 대한 인터넷 광고는 규제의 대상이다. 이 광고들은 몸에 유해하다는 경고 문구를 반드시 포함해야 한다. 이들 상품의 오프라인 광고에 적용되는 규제는 온라인상에서도 그대로 적용된다. 따라서 보건부에 의해서 오프라인 광고에 포함되도록 규정된 경고 문구는 온라인 광고에서도 반드시 포함되어 있어야 한다.

인터넷 서비스 공급업자는 이를 어긴 광고를 유통시킨 데 대한 책임을 져야 하며 다음과 같은 처벌을 받을 수 있다.

- 최대 10,000헤알의 벌금(약 미화 5,000달러)
- 30일간 해당 상품의 광고 전면 금지
- 부적절한 광고를 보정하기 위한 정정광고 배포

2000년 12월 27일 법 제 10167호 제정 이후 담배광고에 대한 규제가 엄격해져서 담배광고는 실내의 판매점 안에서 포스터, 플랜카드, 보드 형태로만 할 수 있다. 따라서 인터넷을 포함한 어떤 전자매체를 통해서도 담배광고는 할 수 없다,

비교광고

브라질에서 비교광고는 자율광고심의 규정 32조를 어기지 않는 한 허용된다. 그러나 다른 나라 특히 미국의 비교광고 규정과 비교해볼 때 브라질에서는 어떤 경우라도 상대방을 폄하해서는 안 된다는 점이 다르다. 미국의 경우는 정확한 근거가 있고 기만적인 내용이 아니라면 이를 바탕으로 상대 제품이나 광고를 폄하할 수 있다.

브라질에서도 비교광고 자체는 불법이 아니고 세계적인 흐름 또한 소비자들에게 정확한 정보를 전달하고 선택의 폭을 넓게 해준다는 점에서 비교광고가 중요한 광고기법으로 인정받고 있지만 브라질에서 비

현대 i30과 BMW 118i 비교 광고

교광고는 다른 나라에 비해서 소비자 소구력이 떨어지는 것으로 평가
받고 있다. 이는 광고자체를 제품정보 전달의 수단이라는 차원을 넘어
서 하나의 예술 작품으로 여기는 브라질 사람들의 광고에 대한 태도와
태생적으로 경쟁이나 경합을 부정적으로 생각하는 브라질 사람들의 문
화적 특성 때문으로 보인다.

자율광고심의기구와 규정

브라질 자율광고심의규정은 광고 산업 종사자들이 참여하는 비정부
조직 브라질 자율광고심의회의CONAR라는 기구에 의해서 제정되었다.
이 규정의 제정 배경에는 광고회사와 광고 산업 종사자들이 광고의 권
리와 표현의 자유를 지키고자 하는 노력이 있었다.

자율광고심의규정은 소비자나 정부 그리고 협력사나 심의기구 회원
들 사이에서 발생하는 분쟁을 조정하고 있고, 브라질 유수의 광고회사

와 그 회원들의 재정기부를 통해서 재원을 마련하고 있다. 현재 본부는 상 파울루에 두고 있지만 1980년부터 브라질 전역에서 활동을 하고 있으며 인원은 180명으로 모두 자원봉사자로 구성되어 있다.

CONAR는 1980년에 탄생했지만 그 시작은 1970년대 후반부터 나타나고 있다. 당시의 브라질은 군사독재체제하에 있었고 이 군사정부는 브라질에서 제작되는 모든 종류의 광고를 사전에 검열하고 승인된 광고에 대해서만 배포할 수 있게 하는 계획을 진행하고 있었다. 이 계획이 실행되면 정부의 승인을 받지 못하는 광고는 배포될 수 없어 결국 표현의 자유를 잃게 되는 상황이 생기게 될 것을 우려한 광고 산업 종사들

CONAR 홈페이지 www.conar.org.br

CONAR가 입주해 있는
꽁준따 나시오나우Conjunta Nacional
건물

CONAR 로고

은 소비자를 포함한 광고 산업 시장의 모든 주체들의 권익보호와 함께
표현의 자유를 지키려는 대안으로서 자율광고심의규정을 제정하기에
이른다.

　CONAR는 어떤 형태의 검열도 거부하고 그 스스로도 어떤 형태의
검열도 하지 않는다. 그러나 심의규정을 어긴 광고에 대해서는 배포
중지를 권유할 수 있는데 이 권유결정은 거의 사법적인 지위를 지닐
정도로 절대적인 영향력을 지니고 있다. CONAR의 주요 내용은 다음
과 같다.

- 모든 광고는 진정성이 담보되어야 하며 헌법을 준수해야 한다.
- 모든 광고는 사회적 차별을 피하면서 사회적 책임을 진다는 생각으로 제작되어야 한다.
- 모든 광고는 공정 경쟁의 원칙을 준수해야 한다.
- 모든 광고는 광고행위를 준수해야 하며 광고가 제공하는 서비스에 대해서 대중을 기만해서는 안 된다.
- 광고조정은 CONAR 윤리위원회에 의해서 이루어지며 조정 사유가 인정되면 CONAR는 광고의 수정이나 정지를 권유할 책임이 있다.

브라질 광고회사와 광고주의 관계

자율광고심의규정이 광고회사와 제작 그리고 유통에 관한 내용을 주로 다루고 있다면 1998년에 만들어진 표준광고약관Conselho Executivo das Normas-Padrão, Standard Norms for Advertising Activities, CENP은 광고회사, 광고매체 그리고 광고주의 계약관계를 주로 다루고 있다. 주된 내용은 다음과 같다.

- 매체사는 광고주와 무관하게 단일 가격표를 제공해야 한다.
- CENP는 일정 수준의 기술요건을 만족시키는 광고대행사에 대한 보증을 한다.
- 매체사는 CENP가 인정하는 광고대행사의 광고물에 대해서 20%의 할인을 해줄 것이며 비인정 광고대행사에 대한 할인은 금한다.

표준약관의 준수를 위해서 CNEP는 광고주로부터 받은 비용이 광고 규모에 합당한지를 확인하기 위한 조사를 할 수 있으며 표준약관보다 저가로 진행된 경우는 윤리위원회의 심의에 앞서서 심의를 진행할 수 있으며 여기서 다음과 같은 결정을 내릴 수 있다.

- 반 경쟁 행위로 인한 광고회사 인정 취소 경고를 할 수 있다.
- 30일에서 90일 사이의 기간 안에서 광고주와 광고회사 간 계약의 수정을 요구할 수 있다.
- 광고주와 광고회사의 특정 비즈니스 관계에서 CENP의 인증을 정지시킬 수 있다.
- 표준약관의 위반사항이 고쳐질 때까지 광고회사의 전반적인 인증을 정지시킬 수 있다.
- 영구 취소를 결정할 수 있다.

기본적으로 CENP의 결정은 광고회사보다는 광고비용을 지출하는 광고주 측에서 표준 약관을 위반할 가능성이 크기 때문에 광고주 측에 더 큰 영향력을 발휘하게 된다.

2.2 브라질의 대표적 광고회사와 광고

Y&R Brasil

1923년 미국에서 존 오르 영John Orr Young과 레이몬드 루비캄Raymond Rubicam에 의해서 설립되었으며 10년 전부터 브라질 광고시장에서 선두를 달리고 있는 광고회사이다. 상 파울루 와 사웅 까에따노 두 술São Caetano do Sul에 사무실을 두는 등 브라질 전역에 500여 개 협력체를 두고 있다.

주요 고객은 알레오Aleo, 아메리칸 익스프레스American Express, 베링거 잉겔하임Boehringer Ingelheim, 브라데스꾸Bradesco, 까자 바이아Casa Bahia, 콜게이트 팔몰리브Colgate-Palmolive, 다논Danone, 엘루Elo, 혼다 모터즈Honda Motors, LG, 뿌조Peugeot, 상 산타 까자 지 미제르꼬르지아Santa Casa de Misercordia de São Paulo, 따웅TAM, 텍사코Texaco, 비부Vivo 등이다.

Y&R São Paulo/ LG Home Theater 3D, 2012

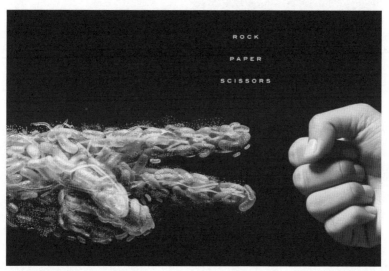

Y&R São Paulo/ Protex, 2012

AlmapBBDO

1954년 주제 지 알깐따라 마샤두[José de Alcântara Machado]와 그의 동생인 까이우 지 알깐따라 마샤두[Caio de Alcântara Machado]에 의해서 창립된 회사로 회사 이름인 Almap는 알깐따라 마샤두 뿌블리시다지[Alcântara Machado Publicidade]에서 유래했다. 브라질 최초의 100% 브라질 자본으로만 설립된 회사이다.

1988년 외국 파트너를 구하면서 19.9%의 지분을 옴니콤 그룹[Omnicom Group]의 BBDO에 매각한다. 브라질 3대 광고회사 중 하나이다. 주요 고객으로 아우디 세나[Audi Senna], 폭스바겐[Volkswagen], 안따르찌까 필슨[Antarctica Pilsen], 바이엘[Byer], 엠브라떼우[Embratel], 우 보찌까리우[O Boticário], 아브리우 이 베자 출판사[Editora Abril e Veja] 등이 있다.

AlmapBBDO/ Uol, 2001

환경보호 캠페인, 2006

Grupo JWT

J. W. Thompson은 미국에서 1864년 설립된 다국적 광고회사로 1929년에 외국계 광고회사로는 처음으로 브라질에 진출한다. JWT는 브라질 광고에서 처음으로 사진을 도입했고 처음으로 시장조사를 도입했으며 초창기 브라질 TV 광고에 많은 기여를 했다. 브라질에 가장 먼저 진출한 외국계 광고회사인 만큼 오래된 광고주들이 많은데 대표적으로 유니리버Unilever를 1967부터, 네슬레Nestle를 1957년부터 광고하고 있다.

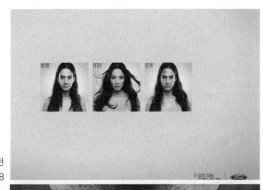

JWT Brazil/ Ford 음주운전
예방 캠페인, 2008

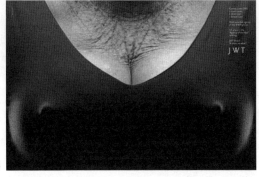

유방암 캠페인, 2005

WMcCann

전 세계 120여 개국에 지점을 두고 있는 국제적 광고회사로 2012년 브라질에서 가장 명망 있는 광고회사로 선정된 바 있다.

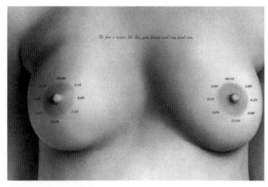

McCann Erickson/
Jonhson & Jonhson, 2002

McCann Erickson/ America Airlines, 2008

Borgierh/ Lowe

브라질 5대 광고회사 중 하나이며 최근 10여 년 사이에 가장 빠른 성장을 보여주고 있는 회사이기도 하다. 주 고객으로 브라질 최대 방송매체인 헤지 글로부^{Rede Globo}, 국영석유회산인 뻬뜨로브라스^{Petrobras} 와 까이샤 오무^{Caixa Omo}, 서브웨이^{Subway}, 유니리버 등을 고객으로 하고 있다.

Borgierh Lowe/
Drogasil, 2007

Borgierh Lowe/ KibonIce-cream, 2010

Neogama

영국계 BBH의 파트너회사로 2002년부터 상 파울루에서 활동을 하고 있는 광고회사이다. 2012년 뿌비시스 그루쁘Publicis Groupe가 51%의 지분을 추가로 매입하여 이전에 보유하고 있던 49%의 지분을 포함해서 100% 지분을 확보했다.

회사 로고로 독특하게 검은 양Black sheep을 사용하고 있는데 이 회사의 설명에 따르면 자신들의 독특함을 가장 함축적으로 잘 나타내주고 있는 상징이라고 한다.

영어에서 black sheep이라는 말은 '검은 양'이라는 1차적인 의미 이외에도 문제아, 골치 덩어리, 애물단지 등의 의미를 지니고 있는데 다른 광고회사들과 차별되는 독특한 아이디어와 구성을 강점으로 하고 있다는 이 회사의 성격을 상징하고 있다고 한다.

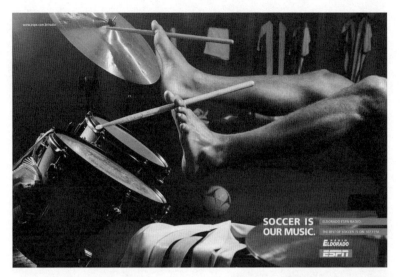

Negoma/ Espn, 2009

Neogama/ Bradesco, 2008

Ogilvy & Mather

세계적 커뮤니케이션 그룹인 WPP에 속해 있으며 브라질에서 두 번째로 큰 회사이다. 특히 2013년 프랑스 칸 국제광고제에서 대상을 포함해 35개 상을 받으면서 올해의 광고회사로 선정되기도 했다.

여인들의 얼굴을 그리기 위해서 FBI 몽타주 전문가를 초대함

몽타주 전문가는 얼굴을 보지 않은 상태에서 질의 응답만으로 여성의 얼굴을 그려감

그림을 완성한 후 주인공을 내보낸 다음에 그 사람을 알고 있는 지인들이 묘사하는 이야기를 토대로 다른 그림을 그림

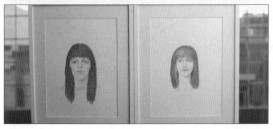

이후에 주인공을 다시 데려와서 본인이 묘사한 자신의 그림과 다른 사람들이 묘사한 것을 바탕으로 그린 두 그림을 보여줌

몽타주의 대상이 된 모든 여
인들이 자신의 두 가지 모습
을 보면서 자신들의 모습을
되짚어봄

Isso afeta as escolha dos amigos que nós fazemos,
os empregos a que nos candidatamos, como tratamos nossas crianças.

실물과 두 개의 다른 몽타주
사진을 원 샷으로 보여줌

몽타주 전문가는 다른 사람들
이 묘사한 본인들의 모습에
만족하는가를 묻고 여인들은
'그렇다', '예쁘다'라고 답함

You are more beautiful than you think.

Você é mais bonita do que pensa.

'당신은 당신이 생각한 것 보
다 더 예쁘다'라는 카피가 등
장함

Dove

마지막으로 광고주 Dove의
로고가 보임

2013년 칸 광고대상 작품/ Ogilvy Brazil/ TV광고

이 광고는 자식의 양육과 가사에 몰두하면서 보낸 중년 여성들의 모습을 자신들이 생각하는 모습과 다른 사람들의 눈에 비추어진 모습으로 대비시켜 보여주면서 '당신이 생각한 것보다 당신은 더 아름답습니다'라는 카피를 통해서 여성들의 자신감과 연륜이 묻어나는 내적 아름다움을 부각시키고 있다. 마지막 광고주의 로고가 등장하지 않는다면 공익광고로 여겨질 정도로 특정 상품을 상상하기 어려운 광고로서, 감성 소구가 사용된 경우라 할 수 있다. 잔잔하면서도 감동적이다.

Ogilvy, 통신회사 Claro 광고, 2013

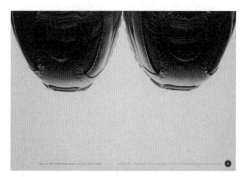

Ogilvy/ Race Against Breast Cancer, 2002

DM9DDB

원래 DM9은 바이아^{Bahia} 주의 브라질 광고회사였으나 1997년 다국적 광고회사인 Publicis Omnicom의 DDB Worldwide와 결합하면서 DM9DDB로 바뀌었다. 그 후 1998년 DDB그룹과 결합한다. 1998년 칸에서 올해의 광고회사로 선정되며 2003년에 히우에 사무실을 열었으며 2011년에는 브라질리아에 사무실을 개설했다. 설립 이후 24년의 역사속에서 2회에 걸친 칸 광고대상과 100여 개의 수상작을 기록하면서 브라질 광고업계에서 그 위치를 공고히 하고 있는 회사이다.

DM9DDB/ Freud's Life Exhibition, 2001

DM9DDB/ Sbp Insecticide, 2001

Africa(Grupo ABC)

Africa는 DM9DDB와 함께 브라질 최대의 마케팅 서비스 그룹인 ABC그룹에 포함되어 있으며 2002년 설립되어 현재 브라질에서 일곱 번째로 규모가 큰 광고회사로 자리 잡고 있다. 주요 고객으로는 이따우 ^{Itau}, 브라마^{Brahma}, 폴랴 지 상 파울루^{Folha de São Paulo} 등이 있다.

Africa/ Freedom of Press association, 2008

Africa/ Mistsubishi, 2009

F/nazca Saatchi & Saatchi

F/nazca는 Saatchi & Saatchi의 일원으로 브라질에 1994년에 설립되었다. 2000년에 미주지역 올해의 광고회사로 선정되었고 칸 국제광고제를 포함해서 다수의 광고제에서 우수한 성적을 내고 있는 회사이다.

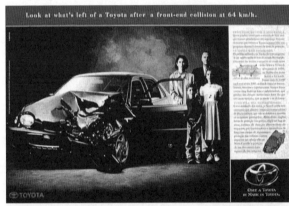

F/nazca Saatchi &
Saatchi, 1998

F/nazca Saatchi &
Saatchi/ Rainforest
conservation, 2000

4부

브라질 광고와 문화

1. 브라질 광고의 창의성의 근원

1.1 브라질 사람들의 광고 수용 태도

브라질 사람들에게 광고는 단순히 상품을 홍보하는 것 이상이다. 광고는 브라질 사람들에게 있어서 엔터테인먼트 중 하나로 여겨진다. 광고에 대한 이러한 브라질 사람들의 태도는 식민시대를 겪으면서 형성된 브라질 사회의 문화적 특성하고 관련이 있어 보인다.

식민지 지배를 겪은 라틴 아메리카 국가에는 알게 모르게 지배층을 동경하는 흔적들이 남아 있다. 예컨대 라틴 아메리카 원주민들이 전통 복장을 입을 때 서양식 모자를 쓰는 것도 일종의 지배층에 대한 동경의 흔적이라고 할 수 있다.

인디오들의 전통복장과 서양식 모자

백인 지배층에 대한 동경은 비단 지배계층의 외양을 따라하는 것 말고도 지배층의 가치와 생활양식 등 지배층 문화 전반에 대한 동경으로 확장되기 마련이다. 이런 점은 브라질도 예외가 아니라서 백인 상류층의 문화에 대한 동경과 향유하고자 하는 모습이 있는데 그중의 하나가 지식인들에 대한 경외심이다.

포르투갈이 브라질을 해외영토로서 그리고 식민지로 지배하면서 포르투갈 왕실은 브라질 현지 귀족이나 지배계층을 통제할 목적으로 브라질 내에 고등교육기관을 일체 설립하지 않았다. 식민시대의 교육기관은 예수회 선교사들이 운영하던 시설이 주를 이루었으며 주로 원주민의 교화에 목적을 두고 있었다.

브라질 개척 초기에 건립된 교육기관으로는 1554년 예수회 선교사들이 인디언의 교화와 개종을 목적으로 상 파울루에 설립했던 빠찌우지 꼴레지우Pátio de Colégio를 들 수 있다.[1]

Pátio de Colégio, 1554년 상 파울루에 건립

---

1) 상 파울루라는 도시가 만들어지기 이전에 설립되었다. 이 건물은 예수회 선교사들이 본국으로 송환된 후에 정부 건물로도 사용되었다. 상 파울루 도시의 역사는 이 빠찌우 지 꼴레지우Pátio de Colégio로부터 시작된다고 해도 과언이 아니다.

브라질에 정식 고등교육기관이 등장하는 시기는 독립이후로 1827년 헤시피와 상 파울루에 법대가 설립되면서 부터이다. 고등교육은 곧 지배계층의 상징이 되고 지배계층에 대한 동경은 다시 고등교육을 받은 사람들에 대한 동경심으로 이어진다. 고등교육을 받은 지식인들은 피지배계층이나 하층계급이 종사하던 육체노동보다는 정신노동에 종사하게 되는데 이는 다시 브라질 사람들이 반복적이고 단순한 노동일보다는 창조적이고 생산적인 직업에 대한 동경심을 가지게 한다. 그래서 고도의 전문성을 갖추고 고등교육을 받은 사람들이 만들어내는 광고는 브라질에서는 지적활동의 결과물로 동경이나 경외의 대상으로까지 발전할 수 있는 것이다. 광고에 대한 브라질 사람들의 이러한 성향은 광고모델을 보는 시각에서도 동일하게 찾아볼 수 있다.

빈부의 격차가 크고 구조적으로 사회 계층 간 이동이 쉽지 않은 브라질에서 신분상승의 수단으로 비교적 쉽게 다가오는 것이 여자들은 모델이 되는 것이고 남자들은 축구선수가 되는 것이다. 둘 다 타고난 재질이 뒷받침되어야 하는 것이기는 하지만 모델과 축구 선수 모두 신데렐라를 꿈꾸는 젊은이들에게는 더 없이 매력적이다.

꼭 그러한 이유만은 아니겠으나 브라질에서는 미용수술이 보편적이며 성형미인도 전혀 문제가 되지 않는다. 브라질은 미용을 목적으로 한 성형수술에 의료보험이 적용되는 나라이기도 하다.

브라질에서는 여성들이 모델이 되기 위해서 성형수술을 받는 일이 비일비재하다. 아마도 세계에서 가장 성형수술을 많이 하는 나라가 브라질일 것이다. 그렇게 해서 일단 모델로 성공하면 상류 지배계층으로 신분상승을 이룰 수 있게 된다. 실제로 광고를 지배계층에 대한 동경의 눈으로 바라보는 브라질 사회에서 광고모델은 지식인과 비슷한 유명세를 타기도 하고 모델이 되는 것이 상류사회를 진입하는 신분상승의 사다리로 여겨지기도 한다. 그 예로 브라질 모델 지젤 번천^{Gisele Bundchen}은 2013년 〈포비스 브라지우^{Forbes Brasil}〉가 뽑은 브라질에서 가장 영향력 있는 인물 중 4위에 올라 있다.[2] 같은 모델인 안드리아나 리마^{Andriana Lima}는 43위를 기록했다.

지젤 번천^{Gisele Bundchen}

안드리아나 리마^{Andriana Lima}

광고를 지적이고 정신노동의 산물로 보기 때문에 브라질 사회에서 광고를 대하는 태도는 단순히 상품을 알리고 정보를 전달하는 마케팅 도구의 차원을 넘어서 하나의 예술작품으로 인식을 하는 경향이 있다.

2) 1위는 축구선수 펠레, 2위는 소설가 빠울루 꼬엘류, 3위는 건축가 뉴마이어였다.

그래서 잘 만들어진 광고는 그 자체가 하나의 엔터테인먼트로 관람의 대상이 된다. 또한 광고를 예술의 한 장르로 받아들이기 때문에 표현과 내용에 있어서도 상당히 유연한 자세를 견지한다.

광고에 대한 브라질 사람들의 이러한 태도는 브라질 광고산업이 성장하는 데 결정적인 영양분으로 작용했다. 브라질에서 광고가 소비자들의 시선을 잡고 각인되기 위해서는 상품의 장점을 알리는 정보제공보다는 예술성이나 심미적인 면 그리고 브라질 사람들의 원형적 특질[3]에 부합하면서 그 완성도가 매우 높아야 한다.

1.2 소재의 자유

모든 민주주의 국가는 기본적으로 표현의 자유를 보장하고 있기 때문에 민주주의 사회에서 표현의 자유를 논한다는 것은 어찌 보면 무의미한 일일 수도 있다. 하지만 적어도 광고 분야에서만큼은 브라질은 다른 나라에서 누리지 못하는 표현의 자유를 누리고 있다고 할 수 있다.

앞 장에서도 언급한 바와 같이 브라질의 광고규제는 제작이나 배포 과정에서 이루어지는 사전 심의가 아니라 광고가 배포되고 난 뒤 소비자들의 반응에 따라서 규제 여부를 결정하는 시스템으로 자율심의기구 CONAR의 규정을 따른다. 이러한 브라질의 독특한 규제 시스템은 광고 제작자가 소재나 표현방법 등에 구애받지 않고 자신들이 전하고자 하는 내용을 상상할 수 있는 모든 것을 동원하고 이용해서 구현할 수 있는 작업환경을 제공해주고 있다.

광고사나 감독이 상상을 구현하기도 전에 심의 통과 여부를 놓고

---

3) 인류보편적인 특질은 제외하고 브라질 사람들에게 가장 두드러지게 나타나는 특질은 재미[fun]라는 코드이다.

사용 가능한 방법과 표현수위를 결정해야 하는 우리나라의 제작 여건
이나 광고를 배포하기 전에 심의를 통과해야 하는 다른 나라들과는 달
리 브라질은 여타의 국가들에서는 보기 힘든 자유로운 환경을 즐기고
있다.

소재의 자유로움을 보여주는 광고들

위 광고들을 보면 동성애, 성적소구, 종교적 유머 등 다양한 소재가
제약 없이 사용되고 있음을 볼 수 있다.

브라질 광고는 그래서 제제를 받는 이유도 노출이나 표현의 방법, 소
재 등에 따른 것이 아니라 전달하고 있는 메시지나 광고의 해석에 있어
서 그 내용이 사회적 수용성의 범주를 넘어서는지 아닌지에 따라서 달
라진다. 즉, 단순히 보여지는 이미지나 카피의 선정성, 폭력성이 문제가
되는 것이 아니라 광고가 포함하고 있는 명시적 또는 묵시적 의미가 브
라질 사회의 정서나 가치에 부합하는지에 따라서 달라지는 것이다.

브라질 여성 속옷 회사인 둘로렌Duloren의 경우가 대표적으로 기존의 사회적 금기나 가치관에 도전적인 소재를 광고 모티브로 많이 사용한다. 사회적으로 논쟁거리가 될 만한 소재를 광고의 모티브로 사용한다는 점에서는 이탈리아 의류 브랜드인 베네통Benettons의 광고전략과 비슷하지만 베네통이 의류와 관계없이 보다 보편적인 내용을 담고 있다면 둘로렌 광고는 여성이 속옷을 전면에 내세워 여성성을 동시에 강조하고 있다는 점에서 베네통과는 차이를 보인다고 할 수 있다.

동성결혼을 소재로 한 둘로렌 광고

위 광고는 둘로렌 광고 중에서 여성 동성애를 모티브로 하고 있는 광고다. 브라질은 가톨릭 국가로 공식적으로 동성애를 인정하지 않는 나라다. 동성애에 대해서 보수적인 브라질 사회에서 여성 동성애 광고는 매우 도전적이고 도발적인 모습으로 비칠 수 있다.

위 광고는 성적 일탈과 동성애를 소재로 하고 있는데 브라질은 가톨릭 국가임에도 불구하고 성적 소재를 거의 제약 없이 광범위하게 사용하고 있다. 성에 대한 자유로운 표현은 브라질 광고가 갖고 있는 또 다른 매력일 수 있다.

그런데 이 광고는 베네통 광고와는 달리 이 광고의 주 홍보 상품인 속옷을 입은 여성들을 이용함으로써 그런 사회적으로 도발적인 이미지를 성적으로 도발적인 여성의 모습으로 치환하고 있다. 그래서 이 광고는 사회 도전적인 메시지를 전달한다기보다는 성적으로 능동적이고 거칠고 공격적이며 도발적인 여성의 이미지를 강조하는 효과를 소구하고 있다.

여성 동성애를 주제로 한 광고들

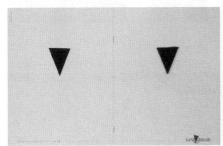 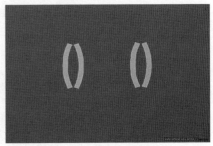

Carillo Pastore Euro Rscg, 2001   J.W. Thompson, 2000

여성 동성애뿐만 아니라 남성 동성애도 브라질 광고에서 흔하게 찾아볼 수 있지만 여성 동성애가 주로 소재로 사용되는 반면에 남성 동성애는 소재보다는 주제로 사용되는 경우가 대부분이라는 점이 다르다.

영국이나 유럽의 광고들에서는 남성 동성애도 소재로 사용되는 경우가 많다. 브라질에서 남성 동성애는 성적소수자의 권익보호나 인권 등 주로 공익적인 면에서 많이 다루어지는 것으로 보인다.

LOWE Litmas & Partners, Brazil, 2000

Euro Rscg Brazil, 2007

　이 광고는 상 파울루 파울리스타 거리^Avenida Paulista에서 벌어지는 게이
퍼레이드에 게이들이 당당하게 참가하라는 메시지를 전달하는 광고인

데 이러한 메시지를 엘리베이터의 문이 열리고 밖으로 나오는 남성의 모습 즉 커밍아웃하는 남성의 모습을 통해서 표현하고 있다. 커밍아웃이라는 말이 통상적으로 게이가 자신이 게이임을 밝히는 것을 가리키는 말이기 때문에 시각적 표현만으로도 광고하단에 작은 글씨로 쓴 게이퍼레이드의 날짜와 장소와 함께 전달하고자 하는 메시지를 충분히 잘 전달하고 있다.

동성애뿐만 아니라 사회 금기나 논쟁거리 이외에도 일상에서 가능한 일탈을 소재로 삼는 경우도 있다. 다음 광고는 배관이나 집 안에서 수리해야 하는 것들을 남에게 맡기지 말고 자신이 직접 해야 하는 이유를 설명하는 광고로, 불륜이나 일탈이 그 모티브로 사용되고 있다.

Leo Burnett, Brazil, 2001

브라질에서 실제로 이런 일이 일어날 가능성이 얼마나 되는지는 알 수 없지만 적어도 이 광고를 접하는 사람은 누구나 그 가능성에 대해서 생각할 수 있고 스토리상으로는 돈으로 모든 것을 해결하려고 하는 남자가 자신의 부인의 외도라는 예기치 못한 결과를 얻게 되는 반전의 유머가 깔려 있기 때문에 사회적으로 수용 가능한 범주에 들어간 것으로 평가된다.[4]

이처럼 브라질에서는 동성애나 불륜 또는 여성의 특정 신체부분이 드러나는 광고도 얼마든지 가능하며 단순히 그러한 이미지를 포함하고 있다는 것만으로는 아무런 제제의 대상이 되지 않는다. 실제로 세미누드나 누드 그리고 체모가 여과 없이 등장하는 등 노출이 심한 광고도 있고 섹슈얼리티를 강조한 광고도 종종 눈에 띈다.

---

4) 브라질 사회에서 여성을 존재적 가치보다는 기능적, 유희적 대상으로 보는 전통적 시각과도 관련이 있다.

Sexy Site/ Ogilvy Brasil, 2001

Shoptime.com/ Dpz PRopaganda, 2001

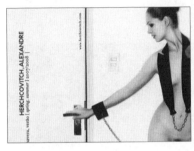
Alexandre Hercovitch/ Bazil, 2008

AIDS 광고/ Master Comunicação, 2005

위의 광고들이 제재나 비난의 대상이 되지 않는 것은 성적으로 개방된 나라에서 구성이나 전달하는 메시지가 충분히 수용 가능하며 그 범위가 사회적 통념에서 벗어나 있지 않기 때문이다. 맨 위 왼쪽 광고는 성인 사이트 광고이고 오른쪽 광고는 쇼핑몰 광고다. 브라질에서 여성을 유희의 대상으로 보는 경향이 있다는 점에서 사회적 통념에서 크게 벗어나는 광고로 보이지 않을 수도 있다.

아래 왼쪽 광고는 패션회사 광고이며 오른쪽은 AIDS 공익광고다. 패션이라는 특정 제품군과 연결되면서 광고는 단순히 홍보물의 성격을 벗어나 그 자체가 하나의 패션 작품으로 받아들여지고 있다고 하겠다. 공익광고의 경우는 공포 소구가 적용된 것으로 남성의 성기가 그대로

드러나 있다 해도 선정적인 광고로 보이지 않는다.[5]

반면에 노출의 수위가 낮거나 노출이 없다고 해도, 그리고 광고에서 전달하고자 하는 메시지가 긍정적이며 심지어 공익성이 있다고 해도 사회전반적인 통념에서 벗어나 있거나 사회보편적인 가치와 배치되는 경우에는 제재를 받기도 한다. 즉 광고를 보는 소비자들의 일반적인 수용성을 넘어선 경우만 심의의 대상이 되거나 제재를 받는다. 다음 광고는 이러한 이유로 인해서 배포가 중단된 한 예이다.

---

5) 서양미술에서 누드로 그려진 여신들이 선정적으로 받아들여지지 않는 것은 '신'이라는 초월적인 장치가 여신의 벗은 몸을 성적으로 해석되는 것을 막기 때문이다. 공익광고에서도 공포 소구라는 장치에 의해서 남녀의 치부가 보이는 경우에도 선정적으로 해석되는 것을 막는다.

위 광고는 2013년 6월 국제 매춘부의 날The International Day of the Prostitute에 즈음하여 브라질 보건복지부가 홈페이지에 게시한 온라인 광고로, 성매매업에 종사하는 여성들이 에이즈와 같은 감염성 질병을 피하기 위해서 파트너에게 당당하게 콘돔 사용을 요구하고 검사와 진료에 창피해하지 말고 떳떳하게 받을 것을 계몽하고 있다.

브라질에서 매춘은 불법이 아니다. 심지어 브라질 당국은 2014년 월드컵과 2016년 올림픽을 앞두고 매춘이 상당히 늘어날 것으로 예견하고 있으며 실제로 미나스 제라이스 주의 벨루오리존찌Belo Horizonte 시 매춘업계에서는 이 시기에 주로 올 것으로 예상되는 미국, 프랑스, 이탈리아 사람들을 겨냥해서 매춘업에 종사하는 여성들을 대상으로 외국어 교육과정을 열고 참여를 독려하고 있는 실정이기도 하다.

그러나 이 광고는 온라인에 게제된 후 사회 각계의 반대에 부딪쳐 광고게제가 중지되었고 이후 보도에 따르면 이 광고게제를 결정했던 담당자는 책임을 물어 해고되었다. 이 광고가 물의를 빚은 것은 선정성이나 메시지가 가지고 있는 의미 때문이 아니었다. 브라질에서 매춘이 불법이 아니고 성적으로도 개방된 사회이지만 그렇다고 해서 매춘을 정당화하는 것처럼 보이는 이 광고는 브라질뿐만 아니라 인류보편적인 관점에서도 반사회적인 것이기 때문이었다.

특히 브라질 보건복지부의 매춘부를 내세운 이 온라인 광고가 제제를 받은 또 다른 이유는 청소년 교육정책과 정면으로 위반되기 때문이다. 공공교육의 차원에서뿐만 아니라 어떤 부모나 자신의 자녀가 매춘부로 크기를 원하지 않기 때문에 문제의 광고는 자라나는 청소년들에게 매춘을 사회에서 인정하는 정당한 직업으로 권유하는 모습으로도 보일 수 있었기에 브라질 사회의 보편적인 가치와 위배된다는 것이 구성원들의 해석과 판단 때문이었다.

브라질이 비록 성적으로 개방된 나라라고는 하지만 사회를 관통하는 기본 가치는 가톨릭에 뿌리를 두고 있다. 그래서 성, 낙태 등에 대해서 보수적인 면이 보일 때가 있다. 브라질에서 성적으로 개방된 모습을 볼 수 있는 경우는 사회의 기본적인 질서나 가치와 충돌되지 않는 경우로, 이러한 가치와 충돌이 일어나면 매우 보수적인 반응이 나타나게 된다. 브라질이 생각보다는 보수적이라는 면을 보여주는 예가 2009년 11월 상 파울루 반데이란찌스 대학Universidade Bandeirantes에서 미니스커트를 입고 온 학생이 교내에서 논란을 일으키면서 경찰에 의해 쫓겨난 사건이다.

미니스커트를 학교에 입고 와 파문을 일으킨 여학생의 사건을 다룬 신문 기사들

문제가 된 학생은 빨간색의 짧은 치마를 입고 대학 구내에 들어와서 학생들의 야유와 멸시 어린 시선 속에서 강의실로 들어가 수업에 참여한다. 그러나 학생들의 소란이 멈출 줄 모르고 학교 분위기가 험악해지자 이 학생은 강의실에서 나오지 못하게 된다. 그래서 결국 경찰이 나서서 데리고 나가게 되고 학교로부터 퇴학을 당한 사건이다.[6)]

브라질에서 여자들이 짧은 치마를 입는 것이 크게 이상한 것은 아니지만 학교나 공공기관 등 유흥 장소가 아닌 데서는 의외로 여성의 치마 길이가 좀 긴 편이다. 상의나 가슴 부분의 노출에 비해서 다리나 하체의 노출은 장소에 따라서 상대적으로 보수적인 면모를 보인다.[7)] 물론 파티나 클럽, 해변 등 형식적이지 않은 장소나 모임에서는 크게 문제가 되지 않는다. 즉, 브라질이 성적으로 개방되어 있고 자유로움을 추구하는 것처럼 보이지만 이러한 모습은 어디까지나 브라질 사회를 이끌어가는 보편적 가치와 충돌하지 않을 때만 가능한 것이라고 할 수 있다.[8)]

---

6) 이 학생은 며칠 후 퇴학 처분이 취소되고 재입학한다.
7) 가슴 노출에는 관대했지만 여성의 다리는 성기의 연장으로 보고 금기시했던 유럽문화의 흔적이 남아 있어 보인다.
8) 인구 2억의 브라질은 유럽계 백인, 아프리카계 흑인 그리고 원주민이 섞여 있다. 브라질은 아프리카 원류의 혼혈문화가 대중문화의 근간을 이루고 있는 듯하다. 그러나 브라질을 이끌어나가는 선도그룹은 여전히 백인 위주이며 이들의 문화적 뿌리는 유럽이다. 따라서 브라질을 단지 아프리카 문화의 영향을 많이 받은 혼혈국가로만 생각하는 것은 바람직하지 않다. 일반 대중은 혼혈문화이지만 현재에도 국가를 이끌어가는 지도층은 백인이며 이들의 문화는 백인들의 기준을 따르고 있기 때문이다. 브라질 사회의 절대적인 가치를 지키고 보존하는 층은 백인들이거나 적어도 백인의 기준을 따르는 오피니언 리더들이다.

낙태 허용을 요구하는
둘로렌 광고

위 광고는 강도와 성 폭력을 암시하는 내용을 이미지와 함께 "낙태를
즉시 합법화하라. 기다릴 수 없다."라는 카피를 싣고 있다. 이 광고는 얼
핏 시민광고처럼 보이지만 사실은 둘로렌이라는 브라질 여성 속옷 전
문 업체의 광고다. 이 회사의 광고는 베네통사의 광고처럼 사회적으로
논란을 불러일으킬 수 있는 민감한 소재나 메시지를 담아내는 경향이
있다.[9]

브라질 자율광고심의 규정에 따르면 광고에서 강간이나 구타 등 폭
력적인 장면을 사용하거나 연출하지 못하도록 하고 있다. 따라서 심의
규정을 글자 그대로 적용한다면 제작 시점에서부터 상상이 불가능한
광고라 할 수 있다, 그럼에도 불구하고 브라질에서 이 광고가 가능했던
이유는 가톨릭국가라 낙태가 법률적으로 금지된 브라질에서 성폭력 등
으로 인해 원치 않는 임신을 한 여성들의 인권을 보호해야 한다는 현실
적인 내용을 직설적인 이미지로 표현하고 이를 통해 소비자들의 공감을
끌어냈기 때문이다.

---

9) 그러나 베네통사의 광고가 자사의 상품과 직접적인 관련이 없는 이미지 광고인 반
    면에 둘로렌사의 광고는 모두 자사의 제품과 광고 이미지를 결합시키고 있으며 베
    네통 광고가 담론적이라면 일상적인 주변의 이야기 속에서 스토리텔링을 하고 있다
    는 점에서 서로 다르다.

1.3 자유스러운 제작 환경

브라질 광고의 창의성이 소비자들의 폭넓은 수용성으로부터 기인하는 면이 있다면 다른 한편으로는 자유로운 제작환경을 무시할 수 없을 것이다.

브라질의 광고대행사들은 광고주의 압력으로부터 비교적 자유롭다. 브라질에서 지식인들은 지배계층의 다른 모습이었고 이들은 본능적으로 종속되는 것에 대한 거부감이 있다. 엘리트 교육과 고도의 훈련된 전문성을 지니고 있는 광고제작자들은 광고주로부터 의뢰받은 광고에 대해 전문가적인 입장에서 충실히 수행하는 것을 원칙으로 하며 광고주의 불필요한 간섭을 받아들이지 않으려는 경향이 있다.

브라질의 광고계에서 광고주와 광고대행사의 관계는 일방적이고 수직적인 관계가 아니다. 광고주는 광고대행사의 전문성을 인정하고 자신들의 콘셉트를 잘 구현할 수 있는 광고대행사를 선택하여 믿고 광고제작을 의뢰하며 광고대행사들은 광고주가 의뢰한 광고에 대해서 소신을 가지고 전문가적인 입장에서 광고를 제작한다. 다음 광고는 광고주에 대한 브라질 광고대행사들의 태도를 잘 보여주고 있다.

이 광고에서 광고주의 무지한 간섭을 비꼬는 광고제작자들의 자부심과 자신감을 엿볼 수 있다.

브라질 광고가 광고주로부터 비교적 독립적인 관계를 유지하게 된 것은 1980년대 이후부터라고 할 수 있는데 이렇게 된 배경에는 브라질 광고의 국제적 위상이 상승하고 세계적으로 브라질 광고의 수준이 인정받기 시작하면서부터라고 할 수 있다. 그런데 아이러니하게도 브라질 광고회사의 양적 질적 팽창은 70-80년대 브라질 독재정권에서 자국 광고대행사에 정부광고를 몰아줘서 경제적 기반을 다질 수 있었던 덕분이었다.

아이디어는 받아들여졌다.
그러나 원숭이를 빼버렸다.

이 이야기는 오래된 것이지만 적절한 예가 될 수 있다. 아끼는 스크립트를 가지고 작가가 헐리우드의 한 스튜디오에 들어갔다. 제작자는 시놉시스를 빠르게 흩어봤다. 그리고 작가를 향해서 말하기를 "생각은 좋은데 내가 보기에는 원숭이는 뺐으면 좋겠군"이라고 말했다. 그 영화는 킹콩이었다. 이 이야기가 설령 사실이 아니라고 해도 적어도 제작자나 광고주 마케팅 책임자들에게는 반면교사가 될 수 있다. 다른 사람의 아이디어에 수정을 가하기 전에 당신이 지금 킹콩영화에서 원숭이를 빼라고 하고 있는지는 아닌지 잘 생각해보시오. (광고회사 Salles 1981 광고)

이렇게 성장한 브라질 광고제작자들은 세계적인 평판에 자신들의 엘리트 의식이 맞물려 광고주의 간섭을 최소화하는 광고제작 풍토를 정착시키게 되었다.

1.4 기발한 상상력

소재와 표현에 있어서 브라질 광고가 누리는 광범위한 자유는 브라질 광고의 기발함과 창의적 발상의 원천이 되었다. 브라질에서는 생각할 수 있는 모든 것을 광고에 담을 수 있다고 여기고 있다. 여기에는 정치적인 것, 성적인 것 그리고 사회적으로 논란이 될 수 있는 모든 것이 다 포함된다.

Benz/ 100% propaganda, 2002 Café Suplicy/ F/nazca Saatchi & saatchi, 2006

위 왼쪽 광고는 얼핏 보면 남성 발기부전과 관련된 광고처럼 보이지만 사실은 자동차 회사 벤츠Benz의 방탄차량 선전이다. 도로상에서 승용차 운전자를 대상으로 하는 강도가 빈번히 발생하는 브라질 사회의 치안문제를 배경으로 부유층들에게 자사의 방탄차량을 타라고 홍보하는 광고다. 여기서 권총의 구부러진 총신은 고개 숙인 남성의 모습이 아니라 방탄차량의 안전성을 이야기하는 소재다.

위 오른쪽 광고는 커피광고로, 자고 있지만 자는 것처럼 보이지 않게 '잔머리'를 쓰고 있는 모습을 익살스럽게 표현하고 있다. 이 광고를 이해하기 위해서는 브라질 문화코드의 하나인 제이찌뉴jeitinho에 대해서 알고 있어야 한다. 제이찌뉴를 한마디로 정의하기는 어렵지만 유도리, 임기응변, 혈연과 지연, 그리고 룰 브레이킹rule breaking 등 다양한 양상이 섞여 있는 코드이다. 인간관계를 중시한다는 점에서 중국의 꽌시guanxi와도 비슷하다.[10] 그리고 약간의 룰 브레이킹은 삶의 활력소가 되기도 하지만 극단적인 경우에는 브라질의 심각한 부정부패로도 이어지는 브라질

10) 정보은, 「지식정보사회에서 문화자본으로서의 브라질 제이찌뉴jeitiho와 중국의 꽌시關係」, 『포르투갈-브라질 연구』 10권 1호, 2013 참고

특유의 코드이다.

브라질 살바도르, 문을 막는 임기응변

　브라질 광고가 눈에 보이는 거의 모든 것을 광고의 소재로 사용할 수 있을 정도로 표현이 자유롭지만 이는 결코 모든 소재의 사용이 항상 가능하다는 말은 아니다. 소재의 자유로움은 표현의 자유라기보다는 오히려 창의적인 스토리보드가 뒷받침될 때만 가능하다고 보는 것이 더 올바른 해석일 것이다.

　다음 두 광고는 일상에서 늘 접하는 엘리베이터를 이용한 광고다. 엘리베이터는 동작의 전후를 보여줄 수 있는 도구로 브라질에서 많이 사용된다. 첫 번째 광고는 둘로렌의 여성 속옷 광고로 엘리베이터의 열리고 닫히는 효과를 이용해서 브래지어를 벗는 동작을 시각화했고 두 번째 광고는 엘리베이터를 이용한 영화 슈퍼맨의 개봉 광고다. 영화에서 슈퍼맨이 양복을 벗으면서 슈퍼맨 복장으로 등장하는 모습을 엘리베이

Duloren/ DM9DDB

JWT Brasil, 2007

This action makes use of an elevator to advertise the opening of a Superman movie.

터의 속성을 가지고 절묘하게 되살리고 있다.

브라질 광고가 우리가 생각하는 상상력의 범주를 넘어서는 대표적인 경우가 성적 소구를 이용하는 경우가 아닌가 싶다. 광고에서 사실 가장 많이 사용되는 소구 방법이 성적 소구인데 대부분의 국가나 사회에서 성에 대한 금기나 제약이 있기 때문에 성적 소구가 자유로운 광고는 자연히 독창적이고 기발하게 보일 수밖에 없을 것이다. 특히 한국 사회는 유교의 영향이나 사회적 관습으로 성을 금기시하고 성 담론이나 성적 소재를 자유스럽게 사용하기가 매우 어렵다.

Lokau.com/ Dm9ddb, 2001

위 광고는 브라질 옥션 사이트에 게재된 광고로, 노출은 드러나 있지 않지만 보는 사람들로 하여금 구강성교$^{oral\ sex}$를 연상케 하고 있다.

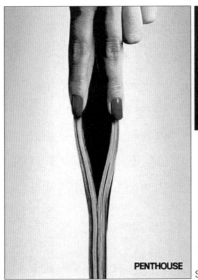

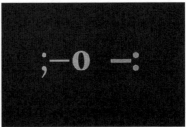

J. W. Thompson, 2000

Sp Communicações, 2001

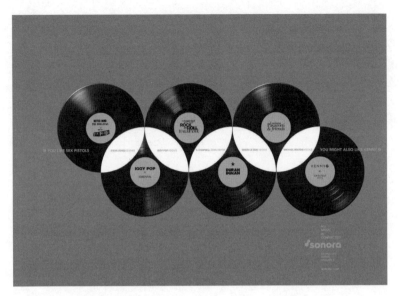

Terra Sonora 음악방송 채널 광고/ DDB Brasil, 2012

위 광고는 네트워크, 커넥션이라는 메시지를 1차적으로 전달하는 광고다. 그런데 LP 음반이 겹치는 부분을 흰색으로 표시해놓은 부분이 때문에 보는 사람의 시선에 따라서 이 부분이 사람의 머리처럼 보일 수도 있고 엉덩이로 보일 수도 있다. 그러나 광고에서 일반적으로 선호도가 높은 쪽으로 본다면 엉덩이를 암시하는 성적 소구의 한 경우라고 보는 것이 더 설득력 있는 해석이 될 것이다.

성적 소재를 사용하는 데 있어서 브라질 광고의 자유로움은 비단 위와 같이 은유적인 이미지뿐만 아니라 신체를 직접적으로 이용하는 것도 가능하게 해준다. 다음은 도요타^{Toyota}사의 코롤라^{Corolla} 자동차 광고로, 1999년 브라질에서 제작 배포된 동영상 광고다.

| 자동차 시동을 거는 시점 | 기어 변속을 하고 출발하는 시점 |

Toyota Corolla 브라질 광고, F/nazca Saatchi & saatchi, 1999

이 광고는 여성이 차에 타서 시동을 걸고 에어컨을 틀고 난 후 출발하기까지의 짧은 시간 동안에 여성의 유두가 경직될 정도로 차 안의 온도가 빠르게 시원해진다는 내용을 담고 있다. 여성의 유두가 찬 온도 때문에 경직되는 모습을 통해서 이 차의 에어컨이 얼마나 빨리 그리고 잘 작동하고 있는지를 효과적으로 보여주고 있다.

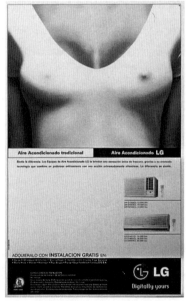

이러한 광고를 우리나라에서 제작하기란 거의 불가능하다. 하지만 해외에 배포되는 우리나라 제품 광고는 현지 사정에 따라서 매우 도발적인 성적 소구를 시도하기도 한다. 바로 LG 에어컨이 페루에서 도요타 코롤라 광고와 동일한 콘셉트로 만든 광고이다.

J Walter Thompson Peruana, 2000

여성의 유두를 모티브로 한 위의 F/nazca Saatchi & saatchi 광고는
LG 에어컨의 페루 광고뿐만 아니라 2004년 스코다^{Scoda} 자동차 회사의
옥타비아^{Octavia} 광고에서도 변형된 형태로 사용되고 있을 정도로 독창적
인 아이디어 광고라 하겠다.

Leagas Delaney Jamburg, 2004

여성의 가슴을 이용한 광고 중에서 다음의 닛산 자동차 광고는 가장
대담하면서도 브라질 특유의 재미를 담고 있다.

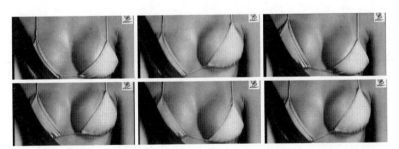

Nissan Pathfinder/ Lowe, 2003

이 광고는 컨추리풍의 음악을 배경으로 리듬에 맞춰 여성의 가슴이
왼쪽 오른쪽 또는 양쪽이 함께 위아래로 움직이는 모습을 담고 있다. 이
광고가 전달하는 메시지는 이 자동차의 충격완충장치^{shock absorver}나 쿠션
장치가 좌우측 좌석에 얼마나 잘 분리되어 작동하고 있는지를 보여주
는 것이다. 브라질이 아니라도 상상할 수는 있지만 구현하기 어려운 광

고가 아닌가 생각된다.

HOPE/ Giovanni+Draftfcb, 2013

위 광고는 여성의 가슴을 이용한 호프HOPE의 수퍼 푸쉬 업Super Push Up
이라는 제품 광고로 Giovanni+Draftfcb의 2013년 작품이다.

우파를 상징하는 미국의 레이건 대통령과 좌파를 상징하는 쿠바의
카스트로 대통령이 여성의 가슴에 하나씩 그려져 있다. 미국은 크고 발
달한 나라이고 쿠바는 작고 가난한 나라이다. 이 두 나라는 상징적으로
크고 발달한 가슴과 작고 빈약한 가슴을 표현한다. 그래서 이러한 외연
과 내포를 통해서 두 상징이 같이 잘 지내는 모습을 보여줌으로써 서로
다른 크기의 가슴을 예쁘고 균형 있게 만들어준다는 의미를 전하고 있
다. 어울릴 수 없는 미국과 쿠바가 서로 간의 정치적 견해 차이에도 불
구하고 함께하고 있다는 이야기로 표현한 것이다.

이 광고는 앙숙인 두 인물이나 국가를 잘 어우러지게 한다는 콘셉

트로부터 발전시킨 광고라 할 수 있는데 이는 아마도 다음과 같은 베네통 광고를 아이디어의 기반으로 하고 있는 것이 아닌가 하는 생각이 든다.

Benetton/ 2andsunny Fábrica, Italy, 2011

그러나 브라질 광고의 기발함이나 독창적인 성격은 단지 소재 사용의 자유보다는 오히려 탄탄한 스토리텔링에서 찾는 것이 더 맞을 것이다. 다음 장에서 브라질 광고의 특징 중 하나로 유머와 반전을 소개할 텐데 이는 브라질 광고의 특징이기도 하지만 동시에 가장 브라질 광고의 창조성을 잘 보여주는 면이기도 하다. 소구나 소구 방법에 대한 유연함은 광고기획 단계에서 제약 없이 상상력을 펼쳐볼 수 있는 환경을 만들어주는 데 결정적인 역할을 하고 있다.

다음 광고 역시 기능성 브래지어 광고로 가슴을 모아 올려주어서 볼륨감을 줄 수 있다는 내용을 담고 있다. 이 광고는 이러한 메시지를 남성이 가슴을 받쳐서 올려주고 있는 이미지와 자동차 쟈키로 가슴을 들어 올리고 있는 모습의 티셔츠 그림으로 전달하고 있다. 티셔츠에 인쇄된 사진은 그 자체로는 브래지어와 관련한 어떤 의미도 생성해내고 있지 못하지만 이 셔츠를 여성에게 입히고 남성의 손이나 쟈키의 위치가

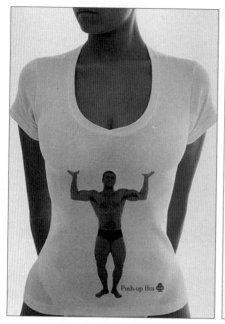

Valisere/ Dm9ddb Publicidade, 2001

가슴의 하단에 자연스럽게 위치하게 하여 마치 손이나 쟈키가 여성의
가슴을 올려주고 있는 것처럼 보이게 하고 있다. 성적인 코드가 없지는
않지만 성적 소구라기보다는 오히려 재밌는 아이디어가 돋보이는 작품
이라고 할 수 있겠다.

기능성 속옷과 관련해서 다음 리즈Liz사의 트랜스폼 브라Transform Bra
선전도 아이디어가 재미있는 광고다. 이 광고는 바다와 태닝을 빼고 여
름을 생각할 수 없는 브라질에서 타사 브래지어를 사용했을 때의 가슴
위치와 자사 브래지어를 착용했을 때의 가슴 위치를 태닝 자국을 통해
서 재밌게 표현하고 있다.

Almap/ bbdo, 2002

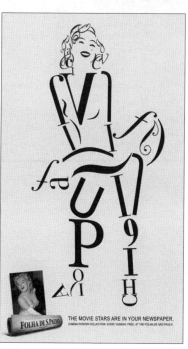

Grupo Abtil, 2004   Folha de São Paulo/ Africa, 2008

　위 광고는 꽁무니까송이스Comunicações라는 광고사가 2004년 캠프 주스 라이트Camp Juice Light라는 다이어트 음료를 선전할 목적으로 만든 광고다. 비만으로 자신의 개가 엉덩이에 끼여 있는 줄 모르고 개를 찾는 전단을 붙이고 있는 익살스러운 광고다.

DDB Brasil, 2010

위 광고는 페덱스Fedex 브라질 광고로 역시 창의적인 광고 중 하나로 손꼽히는 작품이다. DDB Brasil이 2010년 제작한 것으로 아시아, 유럽, 아메리카라는 주제의 연속 광고이다.

브라질 광고의 상상력과 독창성은 특히 공익광고에서 더 두드러지게 나타나는 것 같다. 공익광고는 글자 그대로 공공의 목적을 위한 광고이기 때문에 주제나 소재 그리고 표현 방식에 있어서 좀 더 수용성의 폭이 넓다고 할 수 있겠다.

다음 두 광고는 남성과 여성의 생식기를 그대로 드러내고 있지만 금연, 자연보호와 관련된 공익광고이기 때문에 선정적이거나 외설적으로 여겨지지 않고 별다른 무리 없이 브라질 사회에서 수용되고 있다.

금연광고/ F/nazca Saatchi & saatchi, 2001

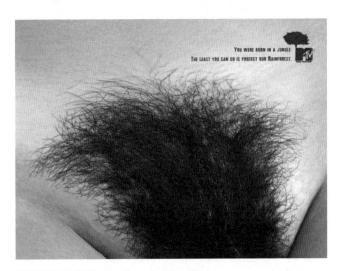

열대우림 보호 캠페인, Age Comunicações, 2004

2. 브라질 광고의 특징

2.1 이미지 중심의 광고

브라질 광고가 창의적이라는 데는 이견이 없다. 브라질 광고가 독창적이고 창의적이라는 명망을 얻게 되는 것은 70년대와 80년대에 칸 국제광고제 등 각종 광고제의 상위권에 포진하면서부터인데 브라질 광고의 이러한 성격은 그 후로 지금까지 줄곧 이어지고 있다.

Dm9ddb, 살충제 광고, 2001

브라질 광고의 독창성은 광고를 만드는 사람들의 독창성에도 기인하지만 무엇보다도 광고제작 환경에서 거의 소재나 표현의 제약이 없다는 점과 함께 브라질 사람들이 광고를 단순히 선전 이상의 예술작품으로 대하는 문화적 태도 때문이기도 하다.

브라질 인터넷 사용자들은 다른 나라에 비해서 인터넷 광고에 대해서 긍정적인 태도를 보이고 있다. 예컨대 2012년 2월에 2,000명 이상의 인터넷 사용자를 대상으로 한 연구 조사에 따르면 57%의 사용자가 인터넷 광고를 보고 광고제품을 구입했으며 약 56%가 인터넷 광고를 본 후 오프라인 매장을 방문을 했고 60%의 사용자가 인터넷 광고와 브랜드나 광고 상품에 대한 정보를 더 많이 준다고 판단하고 있으며 60%는 인터넷 쇼핑이 가장 쉽고 편안한 쇼핑이라고 대답했고 55%는 온라인상에서 신용카드로 결제하는 것에 대한 거부감이 없었으며 57%는 인터넷 광고를 클릭하는 데 아무런 불편함을 느끼지 못한다고 대답했다.

이렇듯 브라질에서는 광고를 보면서 나는 저런 "것은 안 사" 등의 회의적이거나 냉소적인 태도를 보이지 않는다. 브라질 사람들의 광고에 대한 유연한 수용성은 브라질 광고가 독창적이고 창의적일 수 있는 배경이라고 할 수 있겠다.

브라질 사람들은 광고가 재미있을 때 그것을 단순히 광고로 보는 것이 아니라 하나의 재밌는 이야기로 받아들이기 때문에 브라질에서 광고를 만든다는 것은 마치 드라마나 영화를 만드는 것과 같으며 소비자들은 잘 만들어진 광고 그 자체를 하나의 예술 작품으로 대한다. 그래서 브라질에서는 광고 제작자나 광고 모델들은 다른 어떤 나라보다도 심한 유명세를 타게 된다.

브라질 광고가 다른 나라의 광고에 비해 두드러지게 나타나는 외현적인 특징은 카피보다는 비주얼 중심이라는 점이다. 브라질 광고에서 문자보다 비주얼을 선호하는 이유는 브라질이 위치한 남미의 지형적인 조건 때문이다.[11]

20세기 초반 브라질 광고업계를 남미 시장 진출의 교두보로 삼았던 미국과 다국적 광고회사들은 자국에서 사용한 카피를 포르투갈어로 직역해서 만든 브라질 카피가 의도했던 대로 소통되지 않을 뿐만 아니라

---

11) 간혹 브라질 광고가 비주얼 의존적인 이유를 브라질의 높은 문맹률에서 찾는 경우가 있는데 이러한 설명은 잘못된 것이다. 비주얼 광고는 상징성이 매우 짙고 메타포가 많이 사용되는데 상징과 메타포를 이해하기 위해서는 보는 사람들 또한 이를 해석할 수 있을 정도의 훈련이 되어 있어야 하기 때문에 아주 초보적인 그리고 문맹자를 겨냥한 광고를 제외한다면 일반적으로는 교육을 받지 못한 문맹자를 위해 비주얼이 강한 광고를 만든다고는 설명할 수 없다.

12개의 스페인어권 국가들로 둘러싸여 있는 브라질에서 포르투갈어로 만든 광고는 똑같은 이유로 사용할 수 없었다. 결국 언어장벽을 가장 쉽게 벗어나서 브라질뿐만 아니라 남미 전체에서 통용될 수 있는 광고를 만드는 방법은 카피를 단순하게 하거나 없애고 비주얼을 강조하는 방법이었던 것이다. 이러한 전통이 남아 있던 브라질 광고계는 군사독재 시기의 언론 탄압과정을 겪으면서 검열의 직접적인 대상이 될 수 있는 카피를 가능한 한 피하면서 상징성이 강한 비주얼 중심의 광고로 발전하게 되었던 것이다.

Almap/ bddo, 2000

위 광고는 애견 사료 광고로, 사람의 얼굴과 개의 얼굴의 유사성을 강조하는 이미지 효과를 이용해서 애견 사료를 선택하는 데 있어서 사람들의 음식과 차별을 두지 말라는 의미를 카피 없이 효과적으로 전달하고 있다.

다음 광고 역시 과연 브라질 광고답다는 말이 절로 나올 정도로 이미지를 사용해서 광고주의 의도를 정확하게 전달하고 있다.

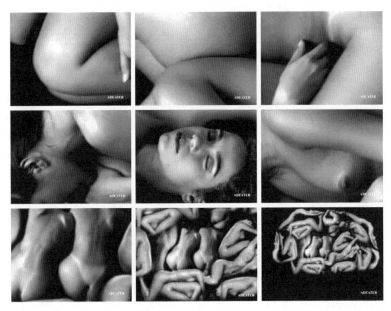

Fischer Justus Comunicação Total, 1997

위 광고에서는 벌거벗은 채 웅크리고 있는 여자의 몸을 클로즈업된 상태에서 부분적으로 보여주다가 점차 페이드아웃하면서 한 명이 아닌 여러 명의 여자들이 웅크리고 겹쳐 있는 모습으로 화면 전체를 채운다. 그리고 마지막으로 완전히 페이드아웃된 상태에서 보이는 모습은 인간의 뇌를 연상시키는 이미지가 된다. 즉, 뇌의 주름을 여인의 몸으로 형상화하고 있다.

1997년 TV로 제작된 이 광고가 선전하고 있는 것은 브라질 남성 잡지다. 광고는 남성 잡지를 구매, 구독하는 사람들에게 이 잡지가 무엇을 만족시켜줄 수 있는지를 카피에 의존하지 않고 보여주고 있다. '남자들

머릿속에는 여자생각뿐이다' 그리고 이 잡지가 '그런 욕구를 만족시켜 줄 수 있다'라는 소구를 이미지를 통해서 독창적으로 보여주고 있는 것이다. 이 광고는 브라질 광고의 창의성뿐만이 아니라 성적 소구에 대한 주제나 표현에 대해서 브라질 사람들이 얼마나 개방적인가도 알 수 있게 해주는 광고이다.[12]

　　브라질 비주얼 광고의 정점에 있는 광고들은 아마도 자연보호 메시지를 전달하고 있는 환경 관련 광고들일 것이다.

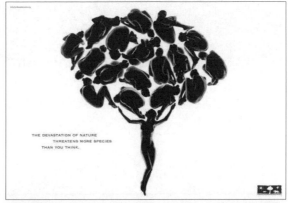

12)　이 광고는 여성의 가슴과 체모가 여과 없이 노출되고 있다.

　　브라질 광고제작자들의 비주얼 작업이나 메시지 전달 작업에 대한
자신감은 다음과 같은 광고회사의 광고에서 잘 드러난다.

Rio llustration Studio, 2009, 브랜드 광고

이 광고는 히우 일러스트레이션 스튜디오^{Rio Illstration Studio}라는 광고회사에서 자신들을 홍보하기 위해 제작한 2009년도 프린트 광고인데 "We put anything on paper."라는 카피와 함께 생각하는 모든 것을 다 광고물에 담을 수 있다고 공언하고 있다. 브라질 사람들이 자신들이 만드는 광고에 대해서 얼마나 자신 있어 하고 자신들의 상상력과 창의성에 대한 자부심으로 가득 차 있는지를 단적으로 보여주고 있다고 할 수 있다.

2.2 유머와 반전 그리고 재미

브라질 광고가 다른 나라에 비해서 폭 넓은 표현의 자유를 누리고 있다고 해도 표현 방법이나 기법, 소구 방법 등은 다른 나라의 광고와 크게 다르지 않다. 하지만 브라질 광고가 다른 나라의 광고와 확연이 다르게 느껴지는 것은 매우 탄탄한 스토리텔링 때문이다.

세상의 모든 나라나 공동체에는 저마다의 문화코드가 존재하며 브라질도 예외는 아니다. 브라질을 말해주는 문화코드로 열대주의 Tropicalism, 흑인성Black Awareness 등 다양한 코드를 들 수 있겠지만 여러 가지 코드 중에서 브라질 사람들을 한마디로 규정할 수 있는 것이 있다면 그것은 아마도 일상의 즐거움instant pleasure이 될 것이다.[13] 브라질 사람들은 미래지향적인 즐거움보다는 현재적인 즐거움을 찾는 이러한 성향으로 말미암아 흔히 브라질 사람들은 즐겁게 사는 반면에 미래를 위해 현재를 희생하지 않고 게으른 사람들로 비춰지는 원인이 되기도 한다.[14] 즐

---

13) 즐거움pleasure을 찾는다는 것은 인류 보편적이다. 그러나 어떤 문화권에서는 그 즐거움이 희생과 고통을 동반할 수도 있고 미래지향적일 수도 있으며 물질적이거나 정신적일 수도 있다. 즉 즐거움은 누구나 다 추구하지만 문화권마다 추구하는 즐거움의 대상은 다르다. 브라질 사람들이 추구하는 즐거움은 미래지향적이라기보다는 현실적이고 일상적인 즐거움이다.
14) 브라질을 구성하는 기본 인종은 유럽계 백인, 아프리카 흑인 그리고 토착 원주민인

거움이라는 코드는 쾌락, 재미 등과 같은 말로 환원할 수 있는데 브라질 사람들의 시선을 끌기 위해서는 모든 것이 재미있어야 한다. "재미있어야 브라질적이다"라는 말을 대표적으로 느낄 수 있는 예가 아마도 브라질 축구일 것이다.

삼바 축구라고 불리는 브라질 축구는 집단적인 움직임보다는 화려한 개인기 중심으로 진행된다. 브라질 축구 선수들은 모두 프로선수들로 자신들의 기량이 몸값과 소득에 직결된다는 점에서 한 팀의 구성원으로 움직이는 것보다는 개인플레이가 더 효과적이라고 할 수도 있지만 그것보다도 더 브라질 축구가 개인 플레이적이고 화려한 이유는 브라질 사람들이 원하는 축구가 단순히 이기고 지는 게임이 아니라 그 게임 자체가 재미있어야 하기 때문이다. 이렇듯 즐거움과 재미를 추구하는 브라질 사람들이 광고를 대하는 태도 역시 축구와 다르지 않다. 그들에게 광고는 단순히 물건이나 브랜드 정보를 전달하는 수단을 넘어서 "재미있는 이야기"가 있어야 좋은 광고, 시선을 끄는 광고 나아가서 브라질 사람들에게 설득력이 있는 광고가 된다.

광고의 기법이나 소구 방법은 전 세계의 광고가 비슷하다. 또 전 세계의 광고시장의 대부분을 대형 다국적 광고회사들이 점유하고 있기 때

인디오였다. 이베리아 반도에서 들어온 백인들은 교황파에 속하는 가톨릭교도들로 노동을 원죄에 따른 형벌로 간주했기 때문에 노동을 통해서 무엇인가를 이루려는 생각이 없었고 아프리카 흑인들이나 원주민들은 모두 원시신앙을 기본으로 하고 있기 때문에 자연 순응적인 생활태도를 가지고 있었다. 이들은 주어진 환경에 순응하는 태도를 전통적인 태도를 가지고 있었기 때문에 현실을 타계하기 위한 노력을 하는 데 익숙하지 않았다. 일부 아프리카 흑인들이 이슬람교를 믿는 경우가 있었지만 이들 또한 자신들이 처한 환경이 좋든 나쁘든 모두 알라의 뜻으로 받아들였기 때문에 신의 뜻을 거역해서 새로운 환경을 만들어가는 데 적극적이지 않았다. 브라질은 이러한 전통을 지닌 백인, 흑인, 원주민들이 서로 섞여 만들어진 국가이기 때문에 열대주의Tropicalism와는 별개로 이들의 문화는 기본적으로 현실 안주적이며 일상의 즐거움을 추구하는 성격을 갖게 된 것으로 보인다.

문에 국가나 지역별로 기술상의 차이나 다른 곳에서는 나타나지 않는 소구 방법을 통해 광고를 재밌게 만든다는 것은 크게 기대할 수 없다. 그래서 브라질 광고의 "재미"는 제작 기법이나 소구 방법을 통해 나타나는 것이 아니라 브라질 사람들이 기대하는 이야기를 담아서 전달하는 '브라질적'인 서사구조, 스토리텔링을 통해서 이루어진다. 다시 말해 브라질 광고는 정보의 전달과 제품의 소개 이외에 브라질 사람들이 좋아하고 공감할 만한 '재밌는' 이야기를 담고 있다.

브라질에서는 비교광고가 불법은 아니지만 선호하는 기법은 아니다. 브라질 사람들의 국민성 자체가 경쟁적인 삶에 대해서 거부감을 가지고 있기 때문에 비록 경쟁 상품에 대한 폄하 없이 비교 광고를 한다고 해도 긍정적인 결과를 얻기가 매우 어렵다. 그러다 보니 자신들의 제품이 다른 제품과 차별화되는 것을 소구하는 데 있어서도 매우 창의적인 방법이 동원되는데 역시 탄탄한 스토리텔링에 기반을 두고 있다. 브라질 여성 속옷 브랜드인 발리세르^{Valisere}의 다음 두 편 광고는 이러한 관점에서 주목할 만한 광고다.

두 광고 모두 여성의 가슴을 크게 보이게 하는 기능성 속옷을 선전하고 있는데 자사의 상품이 다른 경쟁사의 제품보다 여성의 가슴을 더 크게 보이게 해준다는 메시지를, 경쟁 제품을 등장시키거나 카피를 동원하지 않고도 훌륭하게 전달하고 있다. 이 광고가 전하는 메시지는 아마도 '당신이 이 브래지어를 착용하면 다른 제품을 착용했을 때보다 가슴이 더 크게 보이는 것뿐만 아니라 실제로 커지는 효과를 볼 수 있습니다' 정도가 아닐까 한다. 아울러 보는 사람들로 하여금 유쾌한 웃음이 나오게 하는 재밌는 광고다.

Valisere/ Dm9ddb, 2001

Valisere/ Dm9ddb, 2001

2.3 유희적 가치를 소구하는 브라질 광고

호프스테드Hoffsted의 기념비적인 연구인 컬춰 컨스퀀시스Culture Consequences 이후 문화를 가치 체계로 보는 경향이 있다. 호프스테드가 제시한 네 가지 차원 모델이 한 사회나 집단을 이해하는 데 도움이 되기는 하지만 문화라는 것이 이렇게 자질이나 가치로 정의될 수 있는 것인지에 대한논의는 좀 더 해볼 필요가 있어 보인다.

문화를 과연 가치로 치환해볼 수 있는지 여부를 떠나서 호프스테드의 가치체계와는 별개로 한 나라나 문화 공동체 또는 특정한 집단이 추구하고 원하는 것을 특징, 원형, 성격 등 다양한 형태의 메타언어를 이용해서 이야기해볼 수 있을 텐데 프랑스의 기호학자인 쟝 피에르 플로슈Jean-Mi chel Floche가 제안한 소비가치 유형도 한 집단의 지향점을 설명하는 데 있어 모델로 사용할 수 있을 듯하다.

플포슈의 소비가치유형은 프랑스의 자동차회사인 시트로엥Citroën사의 Citroën BX 16이라는 자동차 모델 TV 동영상 광고를 분석하면서 제시한 내용이다.[15]

아래 광고는 자동차 광고임에도 자동차의 성능, 새로운 설비, 경제성, 안전성 등 적어도 신형 자동차 선전에 있을 법한 새로운 비교우위 항목에 대한 언급이 전혀 없다. 자동차와 관련된 기호는 시트로엥이라는 회사의 로고와 자동차 이름(BX16 TR5)이 나오는 장면, 그리고 마지막 장면의 카피 정도뿐이다. 그 이외에는 자동차와 관련된 아무런 내용이나 언급이 없다.[16]

---

15) 1985년 TV 광고. J'aime, j'aime, j'aime로 알려진 광고음악이 배경으로 사용되며 공전의 히트를 기록한 프랑스 시트로엥사의 상업광고

16) 최근의 USP(Unique Selling Proposition) 전략은 확대 해석되어 광고가 갖는 경쟁 광고와의 이미지 차이를 의미하게 되었다. (…) 결국 소비자가 접할 수 있는 수많은 광고들을 자사 상품 광고와 차이를 두기 위해 고유한 상징을 불어넣다 보니 광고의

서사구조

- 자정에 파리 시내를 차 한 대가 빠져나감
- 시트로엥의 로고를 보여줌
- 여명과 함께 동승자인 여성이 깨어남
- 여성의 행복한 미소와 뻥 뚫린 길을 시원하게 질주하고 있는 자동차
  의 모습과 차의 모델명을 보여줌
- 아침 8시 바닷가에 도착
- 바다로 질주해 들어감
- 차에서 나와 여성이 옷을 입은 채로 바다에 뛰어듦
- 바다에 빠지는 장면과 함께 광고 자막을 보여줌

의미뿐만 아니라 단순한 광고 상품의 이해마저도 모호해지고 있다.(김정탁·염성
원, 『기호의 광고학』, 커뮤니케이션북스, p.24)

플로슈는 이 광고를 분석하기 위한 설명 틀로 실용적 가치화valorisation práatique, 유희적 가치화valorisation ludique, 유토피아적 가치화valorisation utopique, 비판적 가치화valorisation critique의 네 가지로 구성되는 소비가치유형을 제시한다.

비판적 가치: 사람들이 자동차에 투자할 수 있는 존재적 가치들의 부정에 해당하며 품질/가격, 혁신/비용 등이 여기에 속한다.

실용적 가치: 비 비판적 가치로 안락함, 다루기 쉬움 등이 여기에 속한다. 실용적 가치화는 제품의 실제 사용 모습이거나 유용성 등을 통해서 구현된다.

유희적 가치: 공리적 가치의 부정에 해당하며 실제적 가치와는 상호 모순적인 가치로 사치, 동기 부재, 세련미, 작은 광기 등이 여기에 속한다. 주체의 추구가 실현되는 서사 기호학의 공간espace utopique en sémiotique narrative 속에서 존재적 가치가 투사되는 모습으로 나타난다. 유희적 가치화는 '자유로운 행위'라는 개념에 초점을 두고 제품의 성격과 전혀 관계가 없는 것들로 나타난다.

유토피아적 가치: 실용적 가치와는 상반되며 존재적 가치로 표현될 수 있으며 정체성, 인생, 모험 등이 여기에 속한다.

플로슈는 자정에 파리를 떠나는 장면과 아침 8시 바다에 도착한 장면을 모두 실용적 가치로, 바다에 차가 빠지는 장면은 유희적 가치로 그리고 "시트로엥 BX, 그녀는 삶을 즐긴다."[17]라는 자막과 함께 두 사람이 바다로 뛰어드는 장면을 유희적 가치에서 유토피아적인 가치로 이동하는 형태로 분석하고 있다.[18]

플로슈는 소비가치를 가정하면서 위 광고 분석을 통해서 다음과 같은 의미 사각형(Carré sémiotique)을 제시하고 있다.[19]

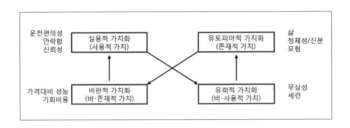

실용적 가치화는 사용적 가치에 의해 결정되며 제품의 실제 사용모습이거나 유용성 등을 통해서 구현되며 유희적 가치화는 '자유로운 행위'라는 개념에 초점을 두고 제품의 성격과 전혀 관계가 없는 것들로 나타난다. 그리고 유토피아적 가치는 주체의 추구가 실현되는 서사 기호학의 공간 속에서 존재적 가치가 투사되는 모습으로 나타난다. 비판적

---

17) 프랑스어 원문은 Citroën BX. Elle vit.으로 가장 무난한 번역은 "시트로엥 BX는 살아 있다." 정도가 될것인데 본 연구에서는 "삶을 즐긴다"로 의역해놓았다. 그 이유는 자동차가 프랑스어에서는 여성명사(une voiture)이기 때문에 여성 3인칭 단수 인칭대명사인 elle로 BX를 벋고 있는데 vivre(to live) 동사는 1차적 의미로는 "살다"라는 뜻을 지니고 있지만 "삶을 영위하다", "인생을 즐기다"라는 2차적 의미를 내포하고 있기도 하고 전체 시나리오 속에서 충분히 중의적으로도 해석될 수 있기 때문이다.
18) 시트로엥 BX에 대한 플로슈의 분석에 대해서는 다양한 이견이 있을 수 있지만 본 연구의 목적에서 벗어나는 것이기 때문에 이에 대한 논의는 따로 하지 않겠다
19) 플로슈(1990)의 기호 사각형은 동적인 모델로 화살표 방향으로의 변화가 나타남을 의미하는데 광고는 소비자가 원하는 형태 그리고 소비자의 유형에 따라 제작되는 것이 원칙이므로 광고가 반드시 이 모델에 따라서 변화되어야 한다고 볼 수는 없다, 플로슈의 소비가치화 모델은 유지하면서 동적인 부분은 재고할 필요가 있다.

가치화는 존재적 가치가 부정된 비 존재적 가치로서 제품에 투입되는 비용을 의미한다.[20]

플로슈가 자동차 광고 분석을 목적으로 제시한 이 가치론적 구조는 그러나 자동차에만 적용되는 것은 아니고 모든 종류의 상품광고에 다 적용될 수 있다. 제품이나 구매층에 따라서 소구의 중심에 놓이는 소비 가치는 달라질 것이다. 저소득층이 구매 계층이라면 가격과 품질 등 비판적 가치가 중요할 수 있겠고, 경제적으로 여유가 있는 계층을 대상으로 한다면 유희적 가치이거나 유토피아적 가치를 소구하는 것이 가장 일반적인 소구 전략이 될 것이다.

비판적 가치나 실용적 가치를 주된 소구 지점으로 선택하는 경우는 주로 제품의 인지도가 떨어지거나 브랜드의 시장 내 낮은 포지셔닝과 관련이 있다. 제품 자체가 비판적 가치나 실용적 가치에서 다른 경쟁 제품들과 차이가 없는 경우라면 광고는 제품 내부보다는 제품 외부의 가치를 소구하게 되는데 바로 유희적 가치와 유토피아적 가치가 된다. 유희적 가치와 유토피아적 가치는 소비자들이 속해 있는 사회의 전통적 사고, 역사 문화적 배경 등과 관련이 있다.

따라서 소비가치 모델을 이용한 광고 분석은 광고 제품의 포지셔닝과 광고 대상이 되는 소비자들의 문화사회적 배경을 추측하고 이해할 수 있게 해준다.[21]

모든 소비자들은 자신들이 관심을 갖거나 구매하고자 하는 제품에 따라서 그리고 자신의 경제적인 위치에 따라서 다양한 위 네 가지 가치

---

20) 최용호 · 백승국 · 송치만 · 전형연, 『광고, 커뮤니케이션, 문화 마케팅』, 도서출판 인간사랑, 2005
21) 소비가치모델을 이용한 브랜드 포지셔닝과 관련된 연구는 이승용(2010)을 참조할 것

중 하나를 추구할 것이고 브라질도 예외는 아니다. 브라질에서도 제품의 브랜드 인지도가 낮거나 가격이 중요한 결정요인으로 작용을 하는 경우는 소비자들의 이러한 심리에 맞춘 광고들이 사용된다.

위 광고는 현대자동차가 브라질에서 한 광고인데 낮은 브랜드 인지도와 구매계층의 경제력을 구매결정의 중요 요소로 보고 만든 광고다.[22] 자동차 브랜드의 낮은 인지도에 따른 안전성과 신뢰성의 불신을 제거하고자 품질보증과 무상보상 기간 등에 대한 문구를 사용하고 있

---

22) 한국산 자동차들은 다른 나라들에 비해 상대적으로 늦은 시기인 1996년에서나 아시아 자동차가 타우너를 시작으로 브라질 시장에 진출하기 시작한다. 이후 기아, 대우, 쌍용, 현대의 완성차가 수출되었고 현재는 현대자동차가 완성차와 함께 현지 생산 공장을 세우고 적극적으로 브라질 시장을 공략하고 있다. 현재 기아자동차를 포함한 현대자동차 그룹이 브라질 시장 내에서 가시적인 성과를 거두면서 성공적으로 진출하고 있다. 2014년도 현재 브라질 시장에서 현대자동차의 인지도는 상당히 상승한 상태이며 대도시 도로에서 쉽게 한국 차의 주행모습을 볼 수 있다.

다. 그리고 이런 종류의 화물차량은 우리나라에서와 마찬가지로 브라질에서도 소규모 개인 영세 사업자들이 주고객층임으로 차량의 가격과 할부조건을 명시하고 있음을 알 수 있다. 이 광고는 소비가치 유형에 따르면 비판적 가치 또는 실용적 가치에 초점을 두고 있는 광고이다.

Alsted & Larsen(1991)은 브랜드나 제품에 대한 인지도와 광고유형의 관계를 다음과 같이 설정하고, 브랜드와 제품의 인지도가 모두 낮으면 광고는 단순한 형태의 광고(Simple AD)를 지향하게 되고 제품의 인지도가 높다 해도 브랜드의 인지도가 낮으면 정교한 형태의 광고(Sophisticated AD)보다는 복합적인 광고(Compound AD)의 형태를 띠게 된다는 것을 일반화하여 설명하고 있다. 이 설정에 따르면 정교한 형태의 광고는 브랜드와 제품 인지도가 모두 높은 수준에 있을 때 가능한 광고형태다.

AD Type	Headline	Illustration	Text
Simple AD	−Mythical	+Product isolated	+present
Compound AD	−Mythical	+Product isolated +Usage Situation −Mythical	+present
Complex AD	+connotative (+Mythical elements)	+Mythical	+present
Sophisticated AD	+connotative (+Mythical elements)	−Product isolated +Mythical	−present

브랜드 자체의 인지도가 있는 경우라 하더라도 구매계층의 소비유형에 따라서 유희적, 유토피아적 가치보다는 비판적 또는 실용적 가치를 우선적으로 소구하는 경우도 있는데 이때는 대부분 구매계층의 경제력이 중요한 구매결정 요인으로 작용하는 경우이다.

위 광고는 제네럴 일렉트릭[GE]의 전자제품 판촉 광고인데 브라질 시장에 널리 알려진 브랜드이지만 브랜드의 이미지보다는 구매자들이 구매시점에서 얼마나 경제적으로 구매할 수 있는지, 즉 비판적 가치를 주된 의사결정 요인이라고 보고 전체 금액보다는 할부금을 눈에 띄게 배치한 광고다.

소비유형은 브랜드나 제품의 인지도 그리고 소비계층의 교육, 경제 사정과 밀접하게 연관되어 있기는 하지만 제품과 소비계층을 유사한 조건으로 한정시킨다면 브라질 사람들이 추구하는 보편적인 소비 유형이 무엇인지 알 수 있다. 이러한 조건을 만족시키는 제품들이 제품 간 차별성이 거의 드러나지 않는 저관여도 제품들[low-involved products]이다.

브라질 광고의 재미 또는 유희적인 성격을 가장 잘 보여줄 수 있는 광고로 브라질 맥주 회사인 브라마[Brhama]가 2002년도에 TV 광고로 배포한 세 편의 연속광고를 꼽을 수 있겠다. 브라질에서 맥주는 대표적인 저관여도 상품으로 맥주 자체에 대한 정보를 제공하거나 품질의 차이를 내세우는 광고는 볼 수 없다. 거의 모든 맥주광고는 제품 자체에 대한 기술보다는 재미있는 스토리로 구성된다. 대표적인 저관여도 상품인 맥주광고는 브라질 광고에서 '재미'라는 코드가 어떻게 구현되고 있는지를 잘 보여주는 전형적인 구조를 갖고 있다.

Brahma 맥주광고/ F/nazca Saatchi & saatchi, 2002

첫 번째 광고에서는 사막을 연상시키는 덥고 건조한 길을 거북이가 지친 채 걸어가는데 맥주회사 트럭이 지나가다가 맥주를 하나 떨어뜨리고 이 맥주를 두고 운전사와 거북이 간의 대결이 벌어지는데 거북이가 기막힌 축구실력을 선보이면서 맥주를 쟁취해서 마셔버리고 이 모습을 지켜보는 운전사가 분하고 어이없다는 표정을 짓고 있다.

두 번째 광고에서는 전작에서 거북이한테 어이없는 패배를 당했던 맥주 트럭 기사가 더위에 뒤집어져 있는 그때 그 거북이를 발견하고 거북이와 맥주 캔을 놓고 다시 승부를 내고자 한다. 첫 편에서 치욕스런 패배를 당했던 기사는 거북이 앞에서 절치부심으로 연습한 축구 기술을 선보이며 도전을 하는데 화려한 개인기를 선보이는 사이에 거북이는 트럭을 몰고 가버린다.

세 번째 광고에서는 히치하이킹을 하는 두 명의 여성이 등장하는데 이들 앞에 선 트럭은 전편에서 거북이가 몰고 사라진 그 트럭이고 트럭을 모는 것 또한 문제의 그 거북이다. 히치하이킹을 하는 여자들을 태운 트럭이 가는 곳은 모텔이다. 그러고 나서 이어지는 장면은 묘한 상상을 불러일으키는 거북이의 거친 숨소리와 함께 한 여자가 맥주를 마시면서 "한 번 너 해줬으면 좋겠다."라는 말을 하면서 성적인 상상을 유발시키는 장면이다. 그런데 이어지는 다음 장면은 상상했던 것과는 다르게 거북이가 맥주 캔으로 축구기술을 선보이며 캔을 발로 차서 쓰레기통에 집어넣는 장면이다.

이 세 편의 연작광고에서는 브라질 사람들의 일상에서 빠질 수 없는 축구를 소재로 삼고 있다. 축구라는 소재를 들여오면서 상황에 대한 부가적인 설명 없이도 순간적으로 모든 서사의 배경이 누구나 공감하고 상황을 이해할 수 있는 맥락을 제공하고 있다. 브라질에서 축구는 그 자체가 하나의 즐거움이다. 그리고 이 광고에서 '즐거움', '재미'를 극대화해주는 것은 바로 예상을 뒤엎는 반전의 묘미이다.

첫 번째 광고에 등장하는 사람과 거북이의 축구 대결은 마치 다윗과 골리앗을 연상시키듯 강팀과 약팀의 대결 아니면 누구도 상대가 되지 않을 것이라고 여기는 팀과의 경기를 연상시킨다. 결과가 뻔해 보이는 사람과 거북이의 축구 시합에서 거북이는 화려한 축구 실력으로 사람을 압도하면서 맥주 캔을 차지하여 맥주를 마셔버리고 이를 지켜보는 사람은 망연자실한 표정으로 어쩔 줄 몰라 한다. 누구나 사람이 거북이한테 그것도 축구로 질 것이라고 생각하지 않는 상태에서 예상을 뒤집는 결말이다. 두 번째 광고의 반전은 거북이가 재승부욕에 불타 있는 기사나 광고를 보는 소비자들의 기대를 버리고 맥주 트럭을 탈취해 가버리는 결말이다. 세 번째 광고에서 나타나는 반전은 모텔 장면과 음향,

대사 등으로 성적상상력을 자극해놓고 거북이가 축구기술로 맥주캔을 쓰레기통에 담는 장면이다.

반전의 해학은 모두가 기대하고 당연히 그럴 것이라고 여기는 결과가 예상에서 벗어났을 때 나타나는 일종의 허무, 어이없음 등으로부터 유발된다. 그리고 예상과 반전의 거리가 크면 클수록 그 웃음이나 재미의 정도가 커진다.

브라질 문화에는 아프리카 기원의 정령신앙이 있음을 앞서서 이야기한 바 있다. 아프리카에 기원을 둔 이들 종교는 주술적인 내용을 포함하고 있어 브라질에서는 다른 나라들과는 달리 '저주'도 일반적인 문화 코드로 자주 사용되는 소구 방법 중의 하나이다.[23] 다음 광고는 이러한 소구를 잘 보여주고 있다.

브라마 맥주 동영상 광고, 2011

이 광고는 남자친구가 클럽에서 다른 여자를 만나고 있는 것을 눈치

---

23) 광고보다는 오히려 브라질 연속극tele novela에서 더 눈에 많이 띈다.

챈 여자 친구가 사진과 인형을 이용해서 주술을 걸어 남자의 몸을 태우는 듯한 저주를 시도하는데 몸이 더워진 남자친구는 브라마 맥주를 먹고 주술에서 벗어나고, 오히려 주술로 이어졌던 인형이 여자 친구의 라이터 불을 꺼버리고 다시 여자와 즐기는 내용이다.

이 광고는 여자 친구의 집착으로부터 벗어나고자 하는 보통 남성의 심리를 잘 표현하고 있다. 소유하고 싶어 하는 여성의 심리와 벗어나고 싶어 하는 남성의 심리를 공감대로 삼아 제작된 광고인데 이 광고의 반전은 주술에 걸리면 빠져나갈 수 없다는 통념을 깨고 여자 친구의 주술을 오히려 맥주를 마심으로 해서 풀어버리고 자유를 만끽한다는 스토리텔링 라인을 가지고 있어, 보는 이로 하여금 그럴 수도 있겠다는 느낌과 더불어 난관을 극복하는 데서 어처구니없는 웃음이 나오게 하는 구상이다.

브라질 사람들이 광고를 단순히 상품의 홍보라고 생각하지 않고 광고 그 자체를 하나의 작품이자 즐거움의 대상으로 대하기 때문에 브라질 광고는 대체로 제품의 정보를 전달하거나 제품을 보여주는 것 이상의 '이야기'를 담고 있는 것이 보통이다.[24] 특히 저관여도 제품의 광고에서 이러한 현상이 두드러지게 나타난다.

앞서 브라질 광고의 특징을 언급하면서 대표적인 저관여도 제품의 예로 맥주를 들면서, 브라질 광고는 '재미'가 중요한 코드임을 밝혔다. '재미'와 관련된 앞의 맥주광고들을 보면 '재미'라는 것이 맥주의 본질적인 자질과는 크게 관계가 없었음을 알 수 있다. 맥주가 갈증해소와 더위를 잊게 해주는 효과가 있기는 하지만 광고에서는 이러한 맥주의

---

24) 브라질 광고라고 해서 항상 스토리텔링을 강조하는 것은 아니다. 상품이나 브랜드의 포지셔닝에 따라 브랜드의 인지도가 낮은 경우에는 스토리보다는 오히려 제품의 소개나 정보전달 중심의 광고가 우선시되기도 한다.

성격을 얼마나 유쾌하게 표현하는지가 '재미'를 극대화하는 관건이었다. 이러한 관점에서 볼 때 브라질 사람들은 동일한 조건이라면 유희적 가치를 중요하게 여긴다고 할 수 있다.[25]

자동차는 객관적인 면에서 맥주보다는 고관여도 제품high-involvement product이라고 할 수 있지만 자동차를 구매하는 계층의 경제 여건에 따라서 광고에서 소구하는 소비가치가 달라진다.

---

25) 맥주는 브라질뿐만 아니라 전 세계적으로 저관여도 제품이다. 우리나라에서도 맥주가 한때는 고관여도 제품일 때가 있었지만 지금은 누구나 쉽게 소비할 수 있으며 여러 회사의 제품들 사이에 특별한 선호나 차이가 존재하지 않을 정도로 저관여도 제품이 되었다. 그런데 우리나라의 맥주광고를 보면 브라질과는 달리 '재미'를 추구하는 것이 아니라 유명 연예인들이 등장시키는 것으로 족한 광고를 만든다. 우리나라 맥주광고에서는 스토리를 거의 찾아볼 수 없으며 이미지나 카피가 의미하는 바가 무엇인지 알기가 어렵다. 우리나라 맥주광고가 이렇게 '의미없는' 이미지와 카피로 만들어지는 이유는 한국사회의 소비유형이 유토피아적 가치에 무게를 두기 때문이다. 유토피아적 가치는 주로 신분하고 관련이 있는바, 유명 연예인들이 등장하는 광고를 보면서 투사효과를 통해서 심리적으로 연예인이나 그들이 속한 사회에 편입된 듯한 느낌을 주기 때문이다. 한국에서 비싼 가격을 통한 마케팅이 성공하는 이유도 비판적, 실용적 가치보다는 유토피아적 가치를 중요하게 여기는 한국 사람들의 소비가치 때문일 것이다.

4륜구동 SUV는 상업적이거나 도시 업무용으로 구입하기보다는 주로 레저, 스포츠, 오프로드, 여행 등의 목적으로 아니면 적어도 이러한 요소들을 염두에 두고 구입을 하는 차량으로, 일반적으로 시간과 경제적으로 여유로운 계층의 소비자들을 구매 대상으로 한다.

미쓰비시 4륜구동 SUV 구입에 관심을 가질 만한 계층은 브라질에서 상류계층에 속하며 경제적으로 충분한 구매력을 보유하고 있는 층이다. 이 계층은 미쓰비시 4륜구동 SUV를 구입할지 아니면 BMW나 포드 SUV를 구입할 것인지를 저울질하는 계층이지, 차량가격이나 옵션의 차이가 구매결정의 직접적인 요인으로 작용하는 소비계층이 아니다. 즉 비판적 가치나 실용적 가치에 무게를 두는 계층이 아니기 때문에 앞서 본 맥주와 마찬가지로 유희적 가치를 통해서 소비자들에게 상품 소구를 하고 있는 것이다.

브라질은 이처럼 동일한 조건이라면 '재미' 즉 유희적 가치를 추구하는 경향이 짙다. 브라질 사람들의 이러한 소비 특징은 아마도 브라질 사람들이 가지고 있는 선천적인 기질과 무관하지 않은 듯하다.

브라질은 가톨릭을 믿는 포르투갈 중심의 유럽인과 원시 정령신앙을 믿는 아프리카 흑인들, 토착 인디오들로 형성된 나라이다.[26] 이 세 집단의 특징은 노동을 경시하고 놓인 환경에 순응한다는 점이다. 이러한 수동적인 태도가 '현재', '지금'을 중요하게 생각하는 찰나적인 즐거움 instant pleasure을 중요한 삶의 가치로 삼는 브라질 특유의 문화를 탄생시켰다고 여겨진다.[27]

---

26) 일부 아프리카 흑인들이 이슬람교를 믿고 있었지만 이슬람 역시 모든 것을 신의 뜻으로 생각하기 때문에 삶을 개척하는 데 있어서 적극성이 없기는 마찬가지였다.
27) 우리나라의 경우는 '출세', '체면', '명예' 등과 같이 신분이나 사회적 위치와 관련된 요소들이 두드러지게 나타나는 유토피아적 가치 중심의 사회이다.

그러나 모든 자동차 광고가 다 이렇게 유희적 가치를 소구하는 것은 아니다. 앞서 한국 자동차의 브라질 광고에서 잠시 언급한 것처럼 브랜드 인지도가 떨어지거나 구매계층의 소비특성이 비판적인 경우, 실용적인 가치를 추구하는 경우에는 유희적 가치보다는 비판적, 실용적 가치를 소구 포인트로 삼는 광고가 주를 이룬다.

투산 브라질 광고, 2006

위 현대자동차 투산 광고는 2006년도 4월 브라질 시사주간지 〈베자Veja〉에 실린 광고로, 현대자동차가 완성차 형태로 브라질에 수출을 시작한 초기 광고다.

이 광고는 개인적으로 브라질에서 배포된 현대자동차 광고 중 브라질적으로 가장 잘 만들어진 광고라고 생각한다. 브라질 사람들과 떼려야 뗄 수 없는 축구라는 모티브를 사용하고 있고 브라질 사람이라면 아니 축구를 아는 모든 사람들이 쉽게 이해할 수 있어 메시지의 전달력 또한 출중하다. 브라질 사람들이라면 정말로 좋아할 만한 광고라 할 수 있다.

그러나 이 광고는 투산을 구매하고자 하는 층의 소비유형과 브라질에서 거의 알려지지 않았던 브랜드 인지도를 반영하지 못한 광고이기도 하다. 이러한 이유로 인해 이후에 만들어지는 현대 자동차 브라질 광고는 유희적 가치보다는 실용적 가치를 마케팅 포인트로 삼고 있다. 광고의 이러한 변화는 가격과 인지도 면에서 아직은 한국 자동차가 브라질 자동차 시장에서 구입을 결정하기까지 많은 단계를 거쳐야 하는 고관여도 제품으로 남아 있다는 점을 반영한다고 할 수 있다.[28]

---

28) 고관여도 제품이라는 것은 단순히 가격의 높고 낮음으로 정할 수는 없고 구매결정에 얼마나 많은 변수를 고려하는지에 따른 것이다. 또한 구매 전까지는 고관여 제품이라 할지라도 구매 후에는 저관여 제품이 된다. 예컨대 자동차를 구매하는 경우에 있어서 가격, 옵션 등을 고려하여 여러 모델 중 하나를 선택하고 구매하기까지는 자동차나 해당 모델이 고관여 제품이지만 구매하고 난 후에는 자동차나 차종 모델에 대한 고민을 하지 않기 때문에 자동차가 더 이상 고관여 제품이 아니다.

브라질에서 현대자동차를 구매하는 계층은 신흥 중산층들이다. 브라질은 브라질 국부의 90%를 10%의 상류층이 소유하고 있다고 할 정도로 빈부의 격차가 큰 나라다. 한국산 차량의 가격은 브라질에서 중산층에 어필할 수 있는 가격대이다.

유럽이나 미국의 유명 브랜드의 모델을 구입하기는 벅차지만 한국산 자동차를 구입하는 데는 무리가 없거나 약간의 무리를 하면 구할 수 있는 계층인 것이다. 신흥 중산층은 경제적으로 성공한 계층으로 브라질 사회에서는 비교적 진취적인 계층이며 신분상승 욕구가 강한 계층으로 볼 수 있다. 이들은 유희적인 소비유형보다는 실용적이거나 유토피아적인 소비가치를 추구한다고 볼 수 있다. 브라질 사람들의 현재지향적인 삶의 태도는 여러 가지 변수에도 불구하고 동일한 조건이라며 유희적 가치를 선호하는 경향을 갖게 만든다. 그래서 제품의 차이가 크게 나지 않는 경우라면 광고는 유희적 소비가치에 초점을 맞춰 '재밌게' 만들어져야 한다.

3. 브라질 광고와 여성의 이미지

성性은 광고에서 가장 즐겨 다뤄지는 소재 중 하나이다. 광고모델 중 위험 부담률이 적은 모델로 흔히 3B, 즉 아이baby, 동물beast, 여자beauty를 꼽는 것에서도 볼 수 있듯이 성, 특히 여성은 광고소비자들에게 가장 쉽게 다가갈 수 있는 소재 중의 하나이다.

그러나 성이 광고에 흔하게 등장하는 소재라 하더라도 광고에서 허용되는 표현의 정도나 대중들이 받아들이는 수용성의 정도는 국가나 민족 그리고 소비 집단에 따라서 서로 다르게 나타난다. 이런 점에서 브라질 광고는 제작의 개방성과 소재나 표현의 자유 그리고 사회적으로 유연한 수용성 측면에서 우리나라 광고는 물론이거니와 미국, 프랑스, 일본 등 다른 광고 선진국들의 광고와 비교해볼 때도 상상 이상의 자유로움을 누리고 있다는 점에서 충분히 주목할 만하다.[29]

요즘 광고는 약간의 과장을 한다면 성과 거의 불가분의 관계가 있다할 정도로 성적 소구가 빈번하게 등장하고 있으며 전혀 성적인 맥락과 무관한 상품마저도 성과 관련짓고 있기도 하다. 그러나 광고에서 성적 소구가 점차 강해지고 있는 것과 동시에 현대사회에서는 여권신장과 여성차별, 여성 인권침해 등과 관련된 여성의 목소리도 함께 커지고 있기 때문에 성, 특히 여성을 소재로 하는 광고는 성 자체를 상품으로 하는 광고가 아니라면 제작과 유통에 있어 많은 제약이 따르므로 자연히 그 표현이 절제된 에로티시즘eroticism의 양상을 띠게 된다. 그런데 브라질 광고는 이러한 흐름과는 반대로 여성을 성적 도구화하는 섹슈얼리즘 sexualism이 아주 강하게 나타나고 있다.

---

29) 브라질 광고의 창의성의 배경에 대한 논의는 O'Barr(2008)을 참조할 것

이러한 현상에 대해서 우리는 기본적으로 다른 나라에서 여성의 이미지가 비하되거나 왜곡되지 않도록 하는 기능을 수행하고 있는 여권女權과 관련된 장치들이 브라질에서는 모종의 이유로 그 기능을 상실했거나 아니면 제대로 작동하고 있지 못하다고 말할 수 있겠다. 하지만 보다 더 근본적인 관점에서 본다면 브라질 광고의 독특한 섹슈얼리즘은 사실 소재에 제약을 받지 않는 자유로운 광고제작 풍토 덕분이기도 하지만 궁극적으로는 브라질 사회와 사람들이 광고에 대한 수용성이나 성 특히 여성에 대한 문화적 태도로부터 기인하고 있다고 보는 것이 옳을 것이다.

　광고가 항속적인 가치permanent value를 일시적인 상품transitory product에 결합시키는 작업임을 감안할 때 광고가 소구하는 바는 소비자 개개인의 판단보다는 광고를 소비하는 집단의 기본 사고와 밀접한 관련이 있다.[30] 따라서 성적 표현의 가능한 정도나 표현방법은 모두 광고를 접하는 집단의 집합적 사고에 바탕을 둔 수용성에 달려 있다고 할 수 있다. 결국 브라질 광고와 다른 나라의 광고에서 나타나는 여성의 이미지의 차이는 여성에 대한 집단적 사고의 차이로부터 기인하는 것이다. 그리고 이러한 차이는 사회가 형성되고 발전하는 과정에서 다양한 인과관계를 통해서 나타나는 것이기 때문에 브라질 광고 속에 나타나는 여성의 이미지에 대한 논의는 자연히 브라질 사회가 여성에 대해서 갖고 있는 문화적 태도가 어떤 것인지를 알게 해줄 것이다.

---

30) Soares, A., *A Publicidade e a Dignidade da Mulher*, ms Traguatinga, 2008

3.1 여성의 기능적 이미지

우리가 쉽게 떠올릴 수 있는 여성의 이미지는 생산과 풍요 그리고 어머니로서의 모습이다. 이러한 이미지는 문화권에 상관없이 거의 모든 사회에서 동일한 양상으로 나타나고 있어 여성이 지니고 있는 인류 보편적인 이미지라고 할 수 있다.

그런데 여성에 대한 이러한 이미지를 인류 보편적인 것으로 받아들이기 이전에 우리는 이러한 이미지가 어떤 원개념으로부터 확장되었는지를 살펴볼 필요가 있는데, 우리는 이러한 여성의 이미지에 대한 원형을 고대인들이 남겨놓은 몇몇의 유물을 통해서 유추해볼 수 있다. 다음은 빌렌도르프의 비너스[31]와 아르테미스[32] 여신상이다.

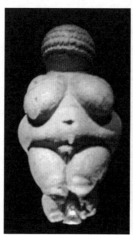 

아르테미스 여신상 　　　　　빌렌도르프의 비너스

---

31) 1909년 오스트리아의 빌렌도르프에서 발견된 구석기시대의 여성나상(女性裸像)
　　제작 시기는 오리냐크기에 속하는 22,000-24,000년 전쯤으로 추정된다.
32) 소아시아(현재의 터키)의 에페소 지역에서 섬기던 신으로 그리스 신화의 다이아나
　　와 동격인 신이다. 대지를 다스리며 동식물의 다산과 번성을 주관하는 자로 출산과
　　어린이의 발육을 수호하는 신으로도 섬겨진다.

먼저 빌렌도르프의 비너스를 보면 유방, 성기, 엉덩이는 강조되어 여성의 기능적 측면이 부각되고 있는 반면에 얼굴처럼 여성의 미적 가치는 전혀 표현되고 있지 않다. 왼쪽의 아르테미스 여신상에서도 수유와 관련된 여성의 유방이 강조되고 있을 뿐이다. 이 두 고대 유물들은 모두 여성 그 자체나 인간으로서의 아름다움을 표현했다기보다는 사회가 필요로 하는 여성의 기능만을 모아놓거나 강조하고 있다.

여성의 성기, 엉덩이가 상징하고 있는 생산과 풍요라는 이미지의 기저에는 공동체 유지를 위한 노동력의 공급이라는 사회적 필요성과 함께 성과 관련된 아주 원초적인 개념이 자리 잡고 있음을 쉽게 짐작할 수 있다. 이러한 해석은 고대인들이 여성을 존재로 보지 않고 기능적으로 보았음을 시사해준다.

고대로부터 여성들이 지니고 있는 어머니의 이미지 역시 여성의 성기가 출산을 유방이 육아와 수유를 상징하면서 갖게 되는 이미지인 것이다. 이러한 관점에서 본다면 여성에게 씌워진 모성애 또한 사회를 유지하기 위해서 내적으로 필요한 기능과 역할을 여성에게 부여하고 있는 것에 불과하다고 해석할 수 있다.

3.2 어머니의 이미지

브라질 광고에 등장하는 여성의 이미지 역시 원론적인 면에서는 여성을 기능적으로 보고 있다는 점에서 다른 나라의 광고와 큰 차이를 보이지는 않는다. 가사나 여성의 영역으로 간주되는 광고에 등장하는 여성은 주로 아내, 어머니의 모습으로 등장한다. 그 양상은 과거나 현재나 모두 동일하다.

현대 사회에서도 여성이 지니는 어머니로서의 이미지는 과거와 비교해볼 때 크게 달라진 것이 없어 보인다. 대체로 1980년대 이전의 광고에서 여성을 모델로 내세우는 경우는 대부분 가정주부이거나 어머니의 이미지를 지니고 있다. 이러한 광고 콘셉트는 당시의 사회가 여성에 대해서 가지고 있는 가장 대중적인 이미지가 어머니의 이미지였음을 말해주고 있는 것이다. 결국, 이러한 종류의 광고는 이 시기까지도 여성의 역할이 사회적이라기보다는 가족이라는 틀을 넘어서지 않는 범위 내로 한정되고 있있음을 보여주는 창이다.

60-80년대 사용된 어머니 또는 가정주부의 이미지

90년대 이후에 사용된 어머니의 이미지

광고에 여성이 모델로 등장하는 경우는 일반적으로 광고 상품의 구매자나 사용자층이 주로 여성인 경우이다. 이런 광고의 대표적인 예가 세제, 주방기구, 화장품 등의 광고가 될 것이다.

이와 같은 광고는 성을 도구화하고 있지는 않지만 여성들의 역할을 가사노동과 유사한 범위로 한정하고 있다는 점에서 역시 여성의 이미지를 기본적으로 기능적으로 보고 있는 광고라고 할 수 있겠다.

3.3 욕망의 대상으로서의 이미지

여성을 성적 소구의 소재로 사용하는 경우 역시 브라질에서도 브라질 광고의 시작과 함께 쉽게 찾아볼 수 있는 부분이다. 대부분의 성적 소구를 이용하는 경우와 마찬가지로 상품의 특성과 상관없이 여성의 이미지가 사용되면서 성적 욕망의 대상으로서의 여성의 기능적 이미지를 확대 재생산하고 있다.

브라질에서 맥주는 전통적으로 남성들의 술이었고 여성들이 소비의 주체로 등장하는 것은 최근의 일이다. 최근 연구에 따른 맥주 소비의 성비를 보면 남성 65% 여성 35%의 분포를 보이고 있다.[33] 그런데 위의 두 브라질 맥주광고를 보면 여성들이 주 소비자층이 아닐 것이라고 여겨지는 시기의 광고에서도 여성이 모델로 등장하고 있다.

앞의 왼쪽 광고는 연대가 불분명하지만 여성의 스타일로 볼 때 대략 1950-60년대 사이의 광고로 보이며 오른쪽의 광고는 1906년도 광고이다. 따라서 주요 소비자층인 남성을 대상으로 맥주광고를 하는 데 있어 상품의 본질적 특성과 구매자 사이에 직접적인 연계성이 없는 상태에서 여성을 내세웠다는 점에서, 성을 도구화한 광고라고 할 수 있다. 특히 왼쪽 광고의 카피는 상당히 자극적이면서도 브라질 사회가 갖고 있는 여성에 대한 기능적인 이미지를 잘 보여주고 있다:

Por que cerveja e mulher gostosa estão sempre juntas?
왜 맥주와 탐스러운 여자는 항상 같이 있을까요?

이 광고 카피에서 'mulher gostosa'는 언어적으로 이중적인 의미를 지니고 있다. 'gostosa'라는 말은 영어의 'delicious'에 해당하는 말로 사전적으로는 음식의 냄새가 좋은, 맛깔스러운, 즐거움 또는 만족을 주는 의미와 함께 성적으로 매력적인sexualmente apetecível, 유혹하는 등의 의미를 갖고 있다. 그런데 이 단어는 주로 음식의 맛과 관련해서 사용되는 형용사이다. 따라서 여자를 지칭하는 말과 함께 이 단어를 사용한다는 것은 여성과 음식을 동일시하고 있다는 뜻이 된다. 호베르뚜 다마따Roberto DaMatta

33) Mäder, M., *Metamorfoses Figurativas: Imagens Femininas na Publicidade de Cerveja*, Dissertação de Mestre, Universidade Tuiuti do Paraná, Curitiba, 2003

는 『무엇이 브라질을 만드는가O que faz o Brasil?』(1984)에서 실제로 브라질에서 여성과 음식을 동일시하는 경향이 있음을 밝히고 있다.[34]

음식은 인간이 살아가기 위해서 필수적이지만 식욕은 성욕과 함께 인간의 가장 큰 욕망 중의 하나이다. 따라서 생존이나 번식을 위한 필요충분조건을 넘어서 음식을 먹거나 성행위를 하는 것은 결국 인간의 욕망을 충족시키는 작업이다. 위 광고 카피는 여성과 맥주의 관계를 식욕과 성욕의 관계로 치환하여 남성의 욕망을 자극하는 광고로, 여기 등장한 여성의 모습은 주체적인 맥주 소비자로서의 모습이 아니라 남성의 성적 욕구를 해소하는 기능적인 역할을 대변하고 있는 것에 불과하다고 할 수 있다.

Sweet Brazil/ Dpz Propaganda, 2006

---

34) 여성을 음식과 동일시하는 생각은 비단 브라질에서만 나타나는 것이 아니고 대부분의 사회에서 다 목격되는 현상이다. 우리나라를 포함해서 많은 문화권에서 '먹다'라는 동사가 〈먹다+여자〉의 구조를 통해서 "여자를 육체적으로 정복하다"라는 의미로 사용되고 있다.

포르투갈 Periquita 포도주의
브라질 광고

앞의 광고는 브라질 초콜릿 광고인데 초콜릿 바와 여성을 일체화시켜 표현하고 있어 성욕과 식욕을 하나로 본 광고이다. 백색과 흑색 두 종류의 초콜릿을 백인 여성과 흑인 여성으로 표현하고 있으며 여인의 몸이 녹아내리는 모습을 통해서 초콜릿의 소비와 여성을 취하는 것이 같다는 것 즉, 식욕과 성욕을 동일시하고 있음을 알 수 있다. 왼쪽의 포도주 광고 역시 성욕과 식욕을 동일시하는 인지적 특성을 잘 보여주는 광고라 할 수 있겠다. 하얀색 드레스를 바탕으로 놓여 있는 포도주 잔의 모습은 전체적으로 여성의 몸과 신체의 특정 부분을 암시하고 있으며 포도주를 마시는 행위에 일탈적 성 행위를 중첩시키고 있다.

식음료와 여성을 병치해놓는다거나 여성의 몸을 음식으로 치환해놓는 것처럼 식욕과 성욕을 공격적으로 표현하는 광고가 있는가 하면 공격성을 감추고 에둘러 표현하고 있는 광고도 종종 찾아볼 수 있다.

얼핏 보면 과일 광고처럼 보이지만 과일하고는 하등의 상관이 없는 숙박업소 광고이다. 참 모텔Charm Motel이라는 모텔이 호객행위를 하기 위해서 만든 광고인데 브라질식 조식 포함 하루 숙박비를 표시한 것과 함께 "건강한 습관을 행하세요"
라는 카피가 여성의 신체를 상상케 하는
과일의 마크로 사진과 함께 모텔이라는
장소의 특성과 어울려 성적 상상력을 극
대화하고 있다.

이 광고는 주방기기 광고로, 오븐을 선
전하고 있는데 정작 오븐은 아주 작은 모습
으로 한쪽 구석에 보일 듯 말 듯 배치되어
있고 오히려 오븐과는 전혀 관계가 없어 보
이는 남성이 거대한 양배추를 벌리고 있는
모습을 중앙에 배치하고 있다. 이 광고를
성적 소구의 예로 보는 이유는 배추나 양배
추가 은유적으로 여성의 성기를 상징하기
때문이다.

Mabe/ Energy, 2009

식욕과 성욕의 동일시를 통해서 여성을 존재가 아닌 기능 내지는 남
성의 욕망을 충족시키기 위해 필요한 도구로 보는 브라질 사회의 여성
에 대한 고정관념은 현재에도 다음과 같은 광고들 속에서 여전히 그리
고 꾸준히 확대 재생산되고 있다.

맥주는 더위와
갈증을 해소해주
는 시원함을 생명
으로 하는 상품이
기 때문에 얼음,
빙산을 의미하는
'Glacial'이라는 단

어와 빙산의 일부를 보여주는 그림, 그리고 맥주는 이런 면에서 코드가 일치한다. 그런데 가운데 등장하는 뇌쇄적인 여성의 모습과 그 카피는 사실 맥주라는 상품의 본질적 특성과는 관계가 없이 등장하고 있다.

  - Entre no clima
  - 사랑하기 좋은 곳으로 들어오세요.

'clima'는 원래 기후나 환경을 뜻하는 단어지만 은유적으로 "사랑을 하기 좋은 장소(ambiente favorável para um encontro amoroso)"라는 의미를 갖고 있다. 이런 의미를 고려할 때 위 광고에서 여성의 등장과 함께 삽입을 의미할 수 있는 동사 'entrar(to enter)'로 이끌어지는 카피가 무엇을 은유적으로 표현하고 있는지는 쉽게 짐작할 수 있을 것이다.

3.4 유희의 대상으로서의 이미지

광고에서 여성을 성적 소구의 소재로 사용하는 것은 비단 어느 한 나라에서만 나타나는 현상은 아니다. 그런데 여성을 성적 소구의 소재로 삼고 있는 브라질 광고를 살펴보면 여성을 욕망의 대상이 아니라 유희의 대상으로 보는 시선이 강하게 나타나고 있다.

여성을 유희적인 시선으로 보는 것은 여성을 기능적으로 대하는 것을 넘어서 도구화하고 있다고 볼 수 있다. 이러한 경향을 가장 잘 보여주는 광고가 스코울Skol 맥주의 연작 광고다.

이 연작광고는 한 면에 좌우가 분리된 이미지를 담고 있는데 왼쪽은 맥주를 마시기 전에 탈의실 가리개나 음수대를 만들었을 때이고 스코울Skol 맥주를 마시고 난 다음에 만들면 오른쪽처럼 만들었을 것이라는 카피를 동반하고 있다. 모두 여성을 관음의 대상으로 삼고 있다.

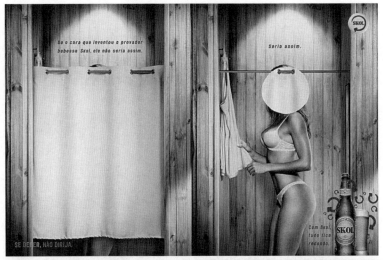

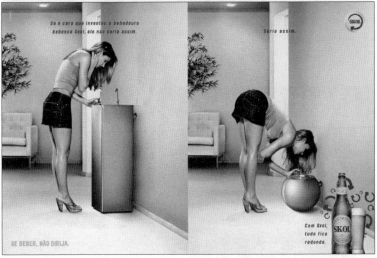

Skol/ F/nazca Saatchi & saatchi, 2005

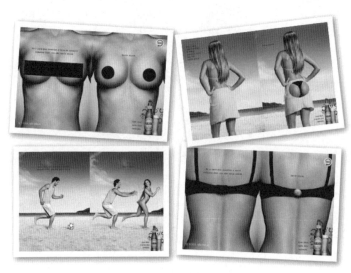

Skol 맥주 연작광고

여성을 관음의 대상으로 표현한 맥주광고

이 광고에서 표현된 여성의 이미지는 여성이 존재로서 욕망의 대상이라기보다는 유희적이며 도구적인 성격이 강하다. 브라질에서 여성을 유희의 대상으로 보는 태도는 비단 맥주광고에서만 나타나는 것이 아니라 대중공연 광고나 심지어는 외국인 관광객들에게 자사 항공기로 브라질 관광을 권유하는 항공사 광고에서도 그대로 나타나고 있다.[35]

위 광고는 브라질 한 방송국에서 주최한 음악축제를 알리는 광고로 1988년 8월 시사주간지 〈베자〉에 실린 광고인데 여성의 속옷에 다음과 같은 문구를 적어 놓았다:

Mais excitante que isso, só o MTV Viedo, Music, Brasil 98.
오직 MTV 비디오Video, 음악Music, 브라질 98Brasil 98만이 이것보다 더 자극적입니다.

---

35) 선정적인 여성들이 등장하는 관광포스터로 인해 종종 브라질 관광이 유럽인들에게 성적 모험과 판타지로 여겨지기도 한다.

광고 그림 자체도 매우 외설적인 설정이지만 광고의 문구는 아주 직설적이며 노골적인데 역시 여성의 신체의 일부에 대한 환유를 통해서 여성을 단지 성적 유희의 대상으로 그리고 있는 광고라 할 수 있겠다.

TAM/ Dm9ddb, 2001

위 광고는 브라질 항공사 중 하나인 TAM이 마이애미-히우 지 자네이루 노선을 선전하는 광고인데 항공사 마크와 함께 다음과 같은 문구를 광고 하단에 아주 작은 글씨로 삽입해놓고 있다;

RIO-MIAMI-RIO TODOS OS DIAS
히우-마이애미-히우 매일 운항

이 광고에서 광고 문구는 전혀 문제가 되지 않는다. 여기서 우리의 주목을 끄는 것은 여성의 뒷모습에 보이는 수영복 자국과 빨간 수영복 간의 관계이다. 빨간색 수영복은 히우를 상징하고 있으며 수영복 자국은 마이애미를 상징하고 있다. 또한 수영복의 크기는 보수와 개방, 억압과 자유 등을 상징할 수 있는데 여성의 특정 신체 부위와 연관해서 해석할 때 이 광고는 "히우에 오면 자유로운 성적 일탈을 경험할 수 있다"라는 메시지를 담고 있다고 할 수 있다. 이는 결국 브라질 사람들이 브라질 여성을 기능적 도구적으로 보는 것이 기본 사고임을 보여주는 하나의 예가 될 것이다.

브라질이 여성의 성적인 이미지를 즐겨 사용하고 있지만 브라질 사람들이 주체가 되지 않고 객체화되는 광고에서는 매우 다른 시각을 보여준다. 다음은 최근 2014년 브라질 월드컵 시즌을 겨냥해서 아디다스에서 만든 티셔츠인데 브라질 사람들을 매우 불편하게 하고 있으며 지우마Dilma 대통령까지 나서서 강력하게 대처하겠다고 하고 있는 상황이다.

이 티셔츠가 문제가 되었던 것은 비키니를 입은 여자와 "Lookin' to score"라는 카피의 조합 때문이다. 영어에서 'socre'라는 말은 일반적으

로 축구와 같은 스포츠에서 '점수를 얻다'라는 뜻으로 사용되지만 은어로 '섹스를 하다'라는 다른 의미를 지니고 있다. 따라서 이 아디다스 티셔츠의 그림과 문구는 브라질에 섹스관광을 하러 오라는 말로도 해석될 수 있다.

전반적인 맥락에서 보면 아디다스 티셔츠의 의미나 위 TAM 광고의 의미가 대등소이할 수 있지만 TAM 광고는 수용이 되면서 아디다스 티셔츠는 수용되지 않는 것은, 아마도 브라질에서 브라질 여성을 희화화하고 유희적으로 보는 시선의 주체가 브라질 사람인 경우만 사회적으로 허용이 되고 브라질 자체가 객체가 되어서는 안 되기 때문인 것으로 풀이된다. 이러한 예를 다음 이탈리아 광고에서도 찾아볼 수 있다.

위 광고는 이탈리아 패션브랜드인 Relish의 2013년 광고로 이탈리아에서 배포되었다. 브라질 히우 지 자네이루를 무대로 히우 경찰들이 여자들을 체포하는 과정을 담고 있는데 남자 경찰의 손이 예사롭지 않다. 여성들에 대한 유희적인 모습을 담고 있지만 이 광고는 히우 경찰의 항의를 포함해서 브라질 사람들을 불편하게 만든 광고였다. 브라질 사람

들이 브라질 여성을 희화하는 것은 문제가 없어도 다른 나라 사람들이 브라질의 부정적인 이미지나 여성에 대한 성적인 스테레오 타입을 확대 재생산하는 데에는 브라질 사람들이 거부감을 느낀다고 할 수 있다.

여성을 기능적 또는 성적 유희의 도구로 보는 남성 중심적 시각을 가장 적나라하게 보여주는 광고는 아마도 나탄^{Natan}의 다이아몬드 광고일 것이다.[36]

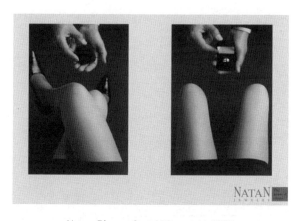

Natan, F/nazca Saatchi & saatchi, 2002

다이아몬드는 희소성과 함께 영원불멸의 사랑이라는 의미를 지니고 있어 주로 결혼과 관련된 상징으로 자주 사용되는 오브제이다. 그리고 반지를 여성에게 주는 행위는 결혼 프러포즈의 상징이다. 따라서 이 나탄 광고는 남성이 여성에게 결혼 신청을 하고 여성의 허락을 받는 상황을 가정한 광고인데 이러한 설정 속에서도 남성이 여성을 대하는 태도는 상당히 유희적인 모습으로 그려지고 있다. 이 광고의 이러한 유희성

36) 벨기에 다이아몬드 회사 나탄^{Natan}의 2007년 국제광고로, 나탄사에서 기획한 before-after 시리즈의 완결판인데 여성단체의 반발로 일회성 광고로 그치고 말았다.

은 언어에서 찾아볼 수 있는데, 다음은 우리말에 "돈이면 귀신도 부린
다."라는 속담에 상응하는 표현들이다.

  - O dinheiro abre todas as portas.(포르투갈어 속담)

  - L'argent ouvre toutes les portes.(프랑스 속담)

  - Money opens all doors.(영어 속담)

직역을 하면 포르투갈어, 불어, 영어 속담 모두 "돈은 모든 문을 연
다."라는 말이 된다. 이 속담과 나탄 광고의 이미지를 대응시키면 다이
아몬드는 돈의 보조 개념이 되고 문은 여자 또는 여성 성기의 원 개념이
된다. 그리고 "열다"라는 동사는 다리를 벌리는 동작과 맞닿아 있다. 따
라서 나탄 광고는 위 속담의 치환과 은유라고 하겠다.

다음은 나탄의 동일한 before-after 형태의 광고인데 다이아몬드를
받기 전과 받은 후에 남성을 보는 여성의 시각이 얼마나 달라지고 있는
지를 보여준다. 아래 오른쪽 광고는 남성의 몸을 이용하여 누구나 다
알 수 있는 시각의 변화를 보여주고 있으며, 아래 왼쪽 광고는 발이 크
면 성기가 크다는 속설을 사용한 성적 소구 광고다.

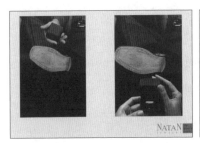
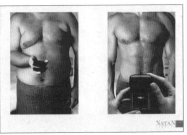

이와 동일한 모티브를 지오바니 Fcb^{Giovanni Fcb}가 2001에 제작 배포한 할리 데이비슨^{Harley-Davidson} 오토바이 광고에서도 만나볼 수 있다.

Harley-Davidson Motorcycles/ Giovanni Fcb, 2001

나탄이 다이아몬드를 여성의 마음을 얻는 데 사용한 반면 이 광고에서는 남성들에게 할리데이비슨 오토바이를 타게 되면 여성의 마음을 쉽게 얻을 수 있다는 메시지를 전달하고 있다. 두 광고 다 물질 만능적인 콘셉트를 사용하고 있다.

지금까지 살펴본 광고들이 주로 남성의 관점에서 여성을 유희의 대상으로 보고 있었다면 아래의 발리세르^{Valisere} 속옷 광고는 여성의 시점에서 여성 자신을 유희적으로 생각하는 시선을 담고 있는 듯하다. 이 광고는 1982년 브라질 광고제 동상 작품이다.

이 광고의 전체 카피는 "O melhor verão do Brasil de Norte a Sul(북쪽에서 남쪽까지 브라질 최고의 여름)"인데 북쪽^{norte}이라는 말은 여성의 가슴, 남쪽^{sul}이라는 말은 여성의 아래 부분에 매치시켜 놓음으로써 여성의 신체를 도구화·유희화하고 있다.

Valisere/ GTM & C, 1982

앞서 살펴본 브라질 광고 속에 등장하는 여성의 이미지에 따르면 브라질 사회가 기본사고로서 여성에 대해서 지니고 있는 태도는 매우 기능적이고 유희적이라고 할 수 있다.[37] 브라질에서 여성을 도구적, 기능적 그리고 유희적으로 보는 태도가 다른 나라에 비해서 강하게 나타나는 것은 기본적으로 브라질 남성과 여성이 모두 여성을 도구로 동일시하는 태도를 견지하고 있기 때문이라고 볼 수 있는데 브라질 사회의 이러한 속성은 아마도 브라질의 탄생과 그 사회 형성 과정에서 여성이 수행했었던 사회적 기능과 역할과 관련이 있을 것이다.

브라질은 잘 알려진 것처럼 1500년 포르투갈에 의해서 발견되었고 1822년 포르투갈로부터 독립한 나라인데 발견 시점부터 브라질 사회형성과정에서 여성의 역할은 아주 미미했었으며 종교적으로도 존재적 가치로서 인정받지 못했었다.[38]

브라질과 미국은 모두 유럽인과 흑인 노예들에 의해서 개척된 나라이지만 그 과정은 서로 차이가 있다. 미국은 백인들이 영구거주를 목적으로 가족단위로 이주한 반면에 브라질은 주로 남성들이 재화의 획득을 목적으로 단기간 체류하는 형태로 개척이 진행되었다. 따라서 초기 브라질 개척 시기, 즉 항구적 정착을 목적으로 하지 않던 시기에는 인적 구성으로 보나 물리적 환경으로 보나 철저하게 남성들의 세계였다.

---

37) 브라질 광고에서 볼 수 있는 이 같은 여성의 이미지는 다른 남성 중심의 사회에서 관찰되는 여성에 대한 기본사고와 크게 다르지 않다. 그러나 브라질의 경우는 이러한 기본 사고가 여과 없이 겉으로 표현되고 있다는 점에서 다른 나라들의 기본사고나 이것이 반영된 광고들과 다른 점이라고 할 수 있다.

38) Napolitano(2004)에 따르면 16세기 브라질에서 남성들의 동성애는 종교재판을 통해서 엄격한 처벌을 받았지만 여성들의 동성애는 여성신체에 대한 그릇된 인식과 여성의 동성애는 남성에게 성적 쾌락을 제공하기 위한 연습과정으로 치부되어 남성 동성애와 같이 처벌되지 않았다고 한다. 이 또한 브라질 사회가 개척시기부터 여성을 도구로 보고 있다는 본 연구의 논지를 지지해주는 예이다.

이 시기에 여성의 역할은, 여성의 부재로 인해 일부 남성들에 의해서 이루어지기도 했었겠지만, 아주 기본적인 것, 즉 음식의 조리나 집안 살림 등 아주 여성적인 일에 종사하거나 남성들의 성적욕구를 해소시켜 주는 것 이외에는 다른 것이 거의 없었다. 더구나 초기에는 백인 여성이 거의 유입되지 않았기 때문에 이 역할은 대부분 흑인 여인들의 몫이었다.[39]

흑인들은 포르투갈 사람들이 브라질 땅에 들어오기 100여 년 전부터 이미 백인들과의 접촉을 통해서 백인들의 식성이나 생활방식에 인디오들보다는 훨씬 많은 양의 지식과 경험을 축적하고 있었고 백인들 역시 이들과의 접촉을 통해서 아프리카 음식과 흑인들에게 인디오들보다는 더 친숙한 상태였기 때문에 백인 여성이 없는 상황에서 이 자리는 자연스럽게 아프리카에서 유입된 흑인 노예들로 채워지게 되었다. 이러한 시대적 상황은 여성에 대한 남성 중심적인 생각에 젖어 있던 16, 17세기 유럽인 개척자들에게 여성을 단지 특정 목적을 충족시키기 위한 도구에 불과한 존재로 생각하게 하는 결과를 낳았다. 그리고 이러한 생각과 태도는 이후 이어지는 정착시기에도 그대로 반영되고 있다.

금, 설탕, 커피, 고무 등을 기반으로 점차 항구적 정착을 목적으로 하는 유럽인들이 브라질에 들어오고 브라질이 포르투갈로부터 독립을 한 후에도 여성의 역할은 사회적으로 큰 의미가 없었다. 주지하는 바와 같이 브라질뿐만 아니라 유럽과 미국에서 여성의 역할이나 권리에 대한 전반적인 논의나 개선이 이루어지던 시기는 20세기 중반 이후였기 때문에 여성에 대한 남성 중심적 사고가 단지 브라질에서만 나타

---

39) 브라질의 상징 중 하나로 여성의 '엉덩이'를 꼽는데 G. Freyre에 따르면 과거에 아이들이 농장에서 안주인 역할 또는 보모 역할을 하던 흑인 여성들의 엉덩이에 대한 느낌 때문이라고 한다.(Freyre, 1984)

나는 현상은 아니지만, 브라질은 브라질만의 독특한 가부장적 사회구
조를 바탕으로 하고 있다는 점에서 다른 나라들과는 차이가 있다고 할
수 있겠다.

브라질이 가부장적인 사회형태의 모습을 갖게 되는 데에는 브라질
개척시기의 인적 구성에서부터 영향을 받지만 이와 함께 남성들에게
집중되어 있던 경제력이나 경제권으로부터 기인하는 바도 크다고 할
수 있다. 남성들은 대규모 농장의 농장주나 지주 그리고 무역이나 상
업 활동 등 경제활동에 종사하면서 경제력이 있었지만 여성들은 경제
력이 없었기 때문에 남성들에게 종속물이었고, 유희의 대상에 불과했
다. 다음 프레이리Freyre의 언급은 이러한 상황의 한 단면을 잘 보여주고
있다.

Da ação da sífili s já não se poderá dizer o mesmo: que esta foi a
doença porexcelência das casas-grandes e das senzalas. A que o filho do
senhor deengenho contraía quase brincando entre negras e mulatas ao
desvirginar-se precocemente aos doze ou aos treze anos. Pouco depois
dessa idade já o menino era donzelão. Ridicularizado por não conhecer
mulher e levado na troça por não ter marca de sífilis no corpo. (G. Freyre,
2005, p.109)

매독에 대해선 이미 그 자체로 언급될 수 없을 것이다: 그 자체로는 주
인과 노예들의 질병이었다. 농장주의 아들은 흑인 여자나 흑백혼혈 여
자들과의 거의 장난 같은 관계를 통해서 10세나 13세 정도에 조숙하
게 동정을 잃으면서 감염되었다. 이때가 조금 지나고 나면 아이는 이
미 덜떨어진 아이 취급을 받았다. 여자를 경험하지 못했다는 것 때문

에 놀림 받고 몸에 매독에 따른 상처가 없었다는 것 때문에 조롱의 대
상이 되었다.

지배계층의 10-13세 아이들에게 성이라는 것은 본능적인 것이거나
놀이의 하나였고 여성은 이 놀이의 도구일 뿐 그 이상은 아니었다. 이
러한 성장과정을 겪는 남자 아이는 결국 성인이 되었을 때 동일한 태
도를 견지하게 될 것이라는 것은 너무도 자명한 일이다. 그리고 이러한
브라질 남성이 성과 여성에 대해서 갖는 태도가 개인적이지 않고 브라
질 사회 문화 전반에 걸쳐서 나타나는 일반적인 현상임을 다음 가로뚜
Gartoto[40] 광고가 아주 명확하게 보여주고 있다.

Garoto/ Washington Oliveira, 1995

이 광고는 와싱톤 올리베이라Washington Oliveira가 1995년에 만든 약 2분
40초 정도의 동영상 광고로 아이들이 이성에 눈을 뜨는 과정을 묘사하

---

40) 1929년 설립된 H. Meyerfreund & Cia의 대표적 초콜릿 상품

고 있는데 그 대상으로 등장하는 여자들은 모두 최소한 아이들보다 나이가 많거나 아니면 성숙한 여인들이다. 이는 앞서 언급한 것처럼 남자 아이들이 어린 나이에 이성을 알아가던 브라질 초기 전통과 맞닿아 있으며 이 광고 어디에도 순수한 의미에서 사랑이라는 개념이 나타나지 않고 오직 여성의 육체에 대한 성적 호기심과 판타지만이 두드러지게 묘사되고 있다.

남자 아이들의 갖고 있는 욕망이 여성의 육체에 대한 욕망이고 이 광고의 엔딩 부분에 삽입된 "꿈을 이루어지게 도와준다"라는 내레이션에서 '꿈'도 전체적으로 여성과의 성적 유희를 암시하는 말로 해석할 수 있다.

사탕이나 과자가 주로 어린이들의 전유물이기는 하지만 초콜릿은 아이들의 주전부리 이상의 상징적 의미를 지니고 있기 때문에 이 광고는 어린아이들이 주로 등장하지만 반드시 어린아이들을 대상으로 한 광고로만 볼 수는 없다.

그러나 이 광고가 설사 성인을 대상으로 하고 있다 하더라도 여기서 간략하게 나열한 스토리보드에 나타난 내용은 그 내용뿐만 아니라 아이들이 모델로 등장하고 있다는 점에서 일반적으로 수용되기 어렵다. 실제로 미국의 광고학자인 오바르O'Barr(2008)는 이 광고를 미국에서는 제작과 방영이 불가능한 광고의 한 예로 들고 있다.

아이들을 성적 모델로 등장시킬 수 없는 것은 미국과 브라질 모두 동일하나 브라질에서 아이들이 이성에 눈을 뜨는 과정을 그린 위와 같은 광고가 제작될 수 있는 이유는 아이들의 이런 행동이 그 사회에서는 구성원 모두가 수용 가능한 것으로 공감하고 있기 때문이라고, 즉, 브라질 사회에서 여성을 도구적, 기능적으로 보는 것이 기본사고를 이루고 있기 때문이라고 할 수 있겠다.

브라질 광고에 나타난 여성의 도구적 이미지는 남성 중심 사회의 전

세션	콘셉트	내레이션/영상
도입부	초콜릿을 통해 과거 어렸을 때 즐거웠던 추억을 생각나게 함	• 하트무늬와 함께 Eu me lembro라는 카피 제시 • Foi de chocolate Garto, aquela caixa de bombom amarela. E me marcou muito porque eu tinha a idade desses garotos e meixou comigo porque foi praticamente aí eu descobri o sexo oposto. (Garoto를 통해 처음으로 이성을 알게 되었다는 내용)
전개	어린이가 성과 이성에 눈뜨는 모습을 그림	• 교실에서 여학생에게 이성적 매력을 느끼는 장면 • 비키니 차림으로 지나가는 여자의 몸매를 보고 눈을 떼지 못하는 장면 • 엄마와 함께 해변가를 걷던 어린아이가 토플리스 차림의 여자를 보고 발을 멈추는 장면 • 수영장에서 사고를 가장하고 인공호흡을 하려는 미모의 안전요원과 기습 키스하는 장면 • 사다리에 올라간 여자의 치마 속을 들여다보는 장면 • 가벼운 차림의 이웃집 여자를 훔쳐보는 장면 • 열쇠 구멍으로 샤워하는 여자를 훔쳐보는 장면 • 수영복을 입은 아름다운 여자의 몸매를 보고 매혹되는 아이의 모습 • 학교에서 선생님의 가슴과 치마 속을 훔쳐보는 아이들의 모습 • 성숙한 미모의 여성이 차에서 내리는 모습을 보면서 부러워하는 모습
엔딩	이 초콜릿이 성적 판타지를 실현시켜 줄 것을 암시함	• Bombons Garoto, estes bombons ainda vão ajudar você a realizar seus sonho.(이 초콜릿이 이성에 대한 꿈을 이루는 데 도움을 줄 것이라는 내용) • Garoto 상품을 마지막 장면에 보여줌

통적인 사고와 함께 브라질 개척과 사회의 형성과정에서 여성에 대해서 굳어진 사회, 문화적 태도가 결합해서 만들어진 결과이다. 여성들이 전통적으로 갖고 있는 생산, 풍요 그리고 모성애라는 이미지는 모권사회에서 부권사회로 넘어가는 시기부터 모두 여성의 기능적인 측면만이 반영되어 만들어진 이미지인데 브라질 개척시기부터 남성 중심적이었고 가부장적 사회로 발전한 브라질의 역사는 여성을 도구적으로 대하는 태도를 보다 견고하게 만드는 데 결정적인 역할을 했다. 특히 경제력이 남성한테 집중되어 있는 가부장적 사회에서 혼자의 힘만으로는 자립할 수 없는 여성들은 남성 의존적일 수밖에 없는데 이러한 상황이 남성들로 하여금 여성을 목적에 따라 구매하는 물건과 동일하게 보는 시각을 갖게 만들었으며 시간이 흐름에 따라서 여성 스스로도 이러한 시각에 동화되고 말았기 때문에 여성을 도구나 상품으로 희화하는 광고들이 브라질 사회에서 통용될 수 있는 환경을 제공하고 있는 것이다. 아울러 이러한 광고를 보고 자라나는 아이들도 여성을 도구로 보는 기본사고를 자신도 모르게 받아들여 사회적으로 재생산하게 된다.[41]

여성에 대한 브라질 사회의 기본적인 이미지가 기능적, 유희적이라는 본 연구의 결론은 우리나라 제품을 브라질에 광고할 때 광고 전략을 세우는 데 있어서도 매우 중요한 참고자료로 활용될 수 있을 것으로 기대된다. 예컨대, 여성을 직접적인 소비자로 보는 광고가 아니라면 여성이 상품구매의 주도권을 갖고 있거나 남성의 보조적인 역할에서 벗어나 중심적인 위치를 차지하는 듯한 느낌을 주는 광고는 브라질에서는 우리나라의 경우와 달리 크게 공감을 얻기 어려운 광고가 될 것이다.[42]

---

41) Soares, A.(2008)
42) 우리나라도 가부장적 사회이지만 전통적인 면에서나 근대 현대화 과정에서 여성의 사회적 역할이 브라질과는 다르며, 특히 구매결정권이 여성에게 있는 경우가 일반

3.5 여성상위의 이미지

지구상 대부분의 나라가 그러하듯이 브라질도 전통적으로 가부장적인 사회다. 브라질이 가부장적인 사회가 된 것은 기독교의 영향도 있지만 그보다는 브라질이라는 국가의 형성과정과 더 관련이 깊어 보인다.

브라질은 주지하다시피 유럽계 백인과 아프리카계 흑인 그리고 원주민인 인디오를 중심으로 발전한 나라이다. 지배계층은 소수의 백인이었으며 흑인과 인디오들은 노예거나 피지배층을 구성하였다. 인구비율로 보면 인디오, 흑인, 백인의 순이다.

브라질 발견 당시 약 800만 명 정도로 추산되는 인디오들은 이주민들과 접촉하는 과정에서 전염병 등으로 그 수가 극감하기 때문에 숫자에 비해서 브라질 문화에 영향을 끼친 바는 그리 크지 않다. 하지만 그들 역시 기본적으로 부족 중심의 생활이었고 가부장적인 사회였다.

아프리카 흑인들은 1888년 노예제도가 폐지될 때까지 브라질에 지속적으로 유입되면서 브라질 문화에 백인문화 이상으로 영향을 끼치게 된다. 브라질은 외부에서 유입된 인종들로 구성된 나라인데 백인과 흑인이 거의 동시에 들어오지만 숫자상으로 백인에 비해 월등히 많은 수의 흑인들이 들어오게 됨에 따라서 백인 문화가 사회 전반에 뿌리내리기 전에 아프리카 흑인 문화가 널리 퍼지면서 대중적인 기축문화로 자리 잡게 된다.

적이라 할 정도로 많기 때문에 아파트, 자동차 등 고가의 상품을 광고하는 경우에도 여성이 보조 모델이 아니라 주 모델로 등장하는 광고가 가능하다.

살바도르에서 아프
리카 기원의 음식을
파는 노점상

　브라질에 들어오는 흑인들은 부족 단위 아니면 지역 단위로 포괄적
인 성격을 지니고 있다. 이는 아프리카에서 흑인 노예를 사냥하는 사람
들이 또 다른 아프리카 흑인들이었고 이들이 자신들과 다른 부족이나
인근 마을을 습격하여 통째로 노예상에 팔았기 때문이다. 아프리카 흑
인들 역시 부족 중심의 가부장적인 모습을 지니고 있었다.

　유럽계 백인들 역시 기독교 원리에 입각하여 남성 중심적인 사회였
는데 이들이 브라질에 들어오면서 가부장적인 성격이 더욱 강화되었다.
브라질 개척 초기에 유입된 유럽의 백인들은 브라질에 거주를 목적으
로 들어오지 않았다. 이들은 브라질 땅에서 경제적인 이득을 취할 수 있
는 광물이나 자원을 채취, 채집하여 돌아가는 것이 목적이었지 브라질
에 거주하려는 의도가 없었다. 따라서 초기 백인들은 가족 단위로 브라
질에 건너가지 않았고 주로 남성들로 구성되었다.[43] 따라서 지배계층은
당연히 남성 중심적인 사회가 될 수밖에 없었으며, 여성을 존재적 가치

---

43) 신대륙 발견과 발전에 있어서 북미와 남미의 가장 큰 차이점이기도 하다. 북미는 프
　　로테스탄트를 중심으로 가족단위의 정주형태로 백인이 유입된 반면에 남미에는 남
　　성위주의 비정주 형태로 유입된다.

보다는 도구적이고 유희적인 시각으로 보는 이들 백인 지배 계층은 자신들에게 집중된 돈과 권력을 분산시키지 않기 위해서 가부장적인 성격을 더욱 강화시킨다. 그리고 이러한 가부장적 지배형태는 원주민, 흑인들의 전통적인 사고와도 차이가 없기 때문에 자연스럽게 브라질의 보편적인 가치로 자리 잡게 된다.

브라질은 가부장적인 전통 속에서 일반적으로 가장이 경제권을 가지고 있다. 과거 브라질 식민개척 시기나 브라질 국가 형성기에 소수의 백인 남성 지배층에 경제력이 집중되었던 것과 마찬가지로 근·현대에 들어와서도 가부장적인 전통 속에서 여성의 사회진출이 어렵기 때문에 여성들은 남성에게 경제적으로 종속될 수밖에 없는 환경이 되풀이되었다. 브라질에서 남성중심의 경제구조를 잘 보여주는 광고들이 은행의 자산관리 광고들이다.

위 광고뿐만 아니라 대부분의 은행 고객 자산관리 광고는 주로 백인 남성을 주 타깃으로 하고 있다. 여성이 동반되는 경우에도 주인공이라기보다는 보조적인 이미지로 사용된다. 이들 광고는 현재 브라질에서 부부 간의 경제권이 누구한테 있는지를 잘 보여주고 있다.

그러나 여성의 이미지가 언제까지나 수동적이고 종속적인 모습으로 머물고 있지는 않다. 사회가 발전하고 남녀평등 또는 심지어 여성상위 시대가 도래하면서 여성의 사회진출이 늘어나고 그 위상이 점점 높아지고 있다. 브라질 역시 이러한 시대적 흐름을 보여주는 광고들이 등장하고 있는데 아직까지 모든 종류의 광고에서 보이지는 않고 주로 여성의 특성을 잘 활용할 수 있는 여성광고에서 이러한 모습을 찾아볼 수 있다. 다음은 브라질 여성 속옷 회사인 둘로렌의 최근 광고로, 여성이 남성을 지배하는 모습을 담고 있다.

DDB Brasil, 2006

4. 브라질 광고와 인종

4.1 인종과 계층

인종과 관련해서 브라질은 인종차별이 없는 국가로 알려져 있으며 오히려 이미 18세기에 흑인들에게는 지옥이고 백인들에게는 연옥이고 혼혈인들에게는 천국이라고 이야기할 정도로 인종의 혼합이 자연스러운 나라이다.[44] 미국이 서로 다른 여러 인종이 모여 사는 다인종 다문화 국가라면 브라질은 서로 다른 인종이 혼혈을 통해 다양한 인종의 스펙트럼을 형성한 다인종·다문화 국가이다.

다양한 인종의 혼혈로 사회가 구성되어 있어 현대 브라질 사람들은 인종문제와 관련해서 일찍이 인종적 민주주의racial democracy를 실현해서 인종차별이 없는 나라라고 주장해왔다.[45] 실제로 브라질은 지구상의 다른 어느 나라보다도 겉으로 드러나는 피부색이나 인종에 대한 차별은 거의 없어 보인다. 그러나 인종적 차별이 더 이상 단순히 피부색에 따른 차별만을 의미하지는 않기 때문에 인종차별이 존재하지 않는다고 단언할 수는 없다.[46]

다음 바이아Bahia 주의 반인종차별 캠페인 광고는 브라질에서 흑인들이 사회적으로 어떤 편견 속에서 살고 있는지를 대변해주는 한 예가 된다.

---

44) DaMatta, R. *O que faz o Brasil?*, Editora Rocci Ltda, Rio de Janeiro, 1988: 21
45) Twin, F. *Racism in a racial Democracy: the maintenance of white supremacy in Brazil*, Rutgers University Press, London. 2005: 6-90
46) 이승용, 「인종적 민주주의에 대한 재고」, 『중남미연구』 25권 2호, p.179-202, 2007
  Kamel, A. *Não somos racistas*, Editora Nova Fronteira, Rio de Janeiro. 2006

위 광고는 유명한 흑인 인물들을 보여주다가 중간에 흑인들이 얼마나 가치를 지니고 있는지 당신이 알고 있는지를 묻고, 안다면 석유로 목욕을 하고 함께 흑인이 되라는 자막과 함께 겉으로 보이는 피부색보다 더 많은 것이 있기 때문에 생각을 바꾸라는 메시지를 전달하고 있다.

브라질의 바이아 주는 아프리카에서 들어온 흑인 노예들이 제일 처음 발을 들여놓았던 곳으로, 지금도 브라질에서 흑인성이나 아프리카풍의 전통이 가장 강하게 나타나고 있는 지역이고, 흑인 또는 흑인계 혼혈이 절대 다수를 차지하는 곳이다. 그런데 흑인성이 가장 두드러지게 나타나는 이 지역에서조차도 흑인들을 보는 시선이 긍정적이지 않음을 그리고 브라질 사회가 인종적 민주주의 완성과는 여전히 거리가 있음을 보여주고 있다.

노예의 신분으로 브라질 땅에서 삶을 시작한 흑인들은 1888년 이후 문서상으로 노예의 신분에서 벗어나게 되지만 제도적, 구조적인 이유로 이들의 삶은 여전히 척박했으며 노예의 신분이었을 때보다 나아진 것이 없었다. 부의 축적이나 고등교육을 받을 기회가 백인들에 비해 상대적으로 적거나 거의 불가능했기 때문에 사회발전 과정에서 자연스럽게 사회의 저소득층, 빈민계층을 구성하게 되어 사회에서 또 다른 의미로 피지배계급이 된다.

즉, 피부색의 차이로부터 시작된 인종차별은 결국 지배층과 피지배층, 기득권 계층과 비기득권 계층의 사회구조적인 차별로 이어져 이제는 사회계층 및 계급 간의 차이로 옮겨가고 있는 것이다. 그리고 브라질은 사회 하층계급은 절대 다수가 흑인과 혼혈인이고 상류 지배계급의 절대 다수는 백인이기 때문에 피부색에 따른 인종차별이 사회구조적인 양극화 문제와 일치하게 된다.(Twine, 2005:67)

사회계층과 계급구조는 다인종 국가에서만 나타나는 것이 아니라 백인 국가나 아시안 국가 그리고 흑인 국가 안에서도 발생한다. 또한 다인종 국가에서는 흑인이나 유색 인종들뿐만아니라 백인들도 사회 하부계층이나 하위계급에 속하는 경우가 있기 때문에 인종차별과 사회구조적인 현상으로 계층 간의 차별을 분간하기 어렵다. 비록 브라질이 외양적인 면에서는 인종이나 피부색에 따른 차별이 나타나지 않는다고 할지라도 사회적 차별이 결과적으로 인종과 피부색으로 이어져 있기 때문에 브라질에 인종차별이 정말 존재하지 않는지에 대해서는 여전히 이론의 여지가 있으며 다양한 시각에서 논의가 되어야 할 문제이다.

브라질 통계청[IBGE](2011)의 통계에 따르면 백인의 월 소득은 흑인이나 혼혈의 소득에 비해 약 2배 정도 많은데 브라질의 인종차별은 겉으로 심하게 드러나지 않고 있다고 해도 계층, 계급적 차별 그리고 브라질의 사회의 양극화 현상이 흑-백의 양극화와 일치하고 있다는 것을 보여준다.[47]

인 종	백인	아시안	흑인	혼혈	인디오
월 평균소득R$)	1,538	1,574	834	845	735

47) 인종차별에 무게를 두지 않는 분석에서는 흑-백 간의 양극화가 사회 계층 간의 차별로 동일시되며 인종문제는 수면 이하로 가라앉게 된다.

이러한 소득분포는 그대로 가구당 소비규모로 이어지고 있음을 다음 도표에서 확인할 수 있다. 백인계층의 소비지출이 흑인이나 혼혈에 비해 두 배 이상의 규모를 보이고 있다.

인종과 피부색에 따른 가계 소비 규모 비교(2002-2003)

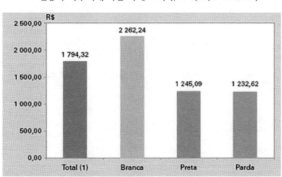

출처: IBGE, 인디오, 아시안계 제외.

통계적으로 백인과 흑인 또는 혼혈 간의 소득규모 차이는 두 배 정도이지만, 브라질 사회의 부의 집중과 빈부격차는 더 극단적이다. IBGE(2012)의 자료에 따르면 2009년 브라질 최저 임금은 465R$였는데 브라질 인구의 56.8%가 465R$ 미만이었으며 이 중 29%는 232.5R$ 미만의 소득 계층이었다. 상위 10%의 월 소득 평균이 3,293.08R$였던 반면에 하위 10%는 82.28R$로 약 40배의 차이를 보이고 있다.[48] 다음 도표는 인종에 따른 소득분포의 관계를 단적으로 보여주고 있다.

---

48) http://noticias.r7.com/economia/noticias/metade-dos-brasileiros- vive-com-ate-um-salario -minimo-20100917.html, 2012.9.16 검색

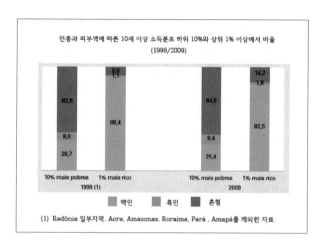

인종과 피부색에 따른 10세 이상 소득분포 하위 10%와 상위 1% 이상에서 비율
(1999/2009)

백인   흑인   혼혈

(1) Rondônia 일부지역, Acre, Amazonas, Roraima, Pará , Amapá를 제외한 자료

　　현실적으로 브라질은 브라질 전체 부의 90%를 국민의 10%가 가지
고 있는 나라로, 세계에서 빈부의 격차가 가장 큰 나라들 중 하나이다.
그리고 위의 표에서 보듯이 소득 상위 10%에 해당하는 그룹의 주를 이
루는 인종은 백인이다.[49]

4.2 인종과 스테레오 타입

　　상품의 판매를 목적으로 하는 광고에서 소비자의 구매력은 광고 대
상계층을 선정하는 데 있어서 매우 중요한 요소이다. 구매력은 단순히
비판적 가치를 떠나 유희적, 유토피아적 가치를 소구할 수 있는지 여부
를 나누는 최소한의 기준이 되기 때문이다. 따라서 구매력이 있는 계층
을 대상으로 상품의 소비를 소구하는 광고는 기본적으로 구매력이 있
는 계층, 즉 브라질에서는 백인계층을 대상으로 하는 것이 일반적이라

---

49) 이러한 백인의 분포는 식민지 시절부터 브라질 사회의 형성과 발전과정에서 가지고
　　있었던 백인들의 우월적 지위와 이어져 있다. 브라질 개발 초기부터 백인지주하의
　　대농장제도를 기반으로 성장한 브라질 경제구조에서 이들 백인 지배층에 부의 집중
　　이 일어난 것은 당연한 일이었다.

고 할 수 있다.

　사회, 경제적인 현실의 측면에서 브라질의 백인계층은 부(富)와 이어지는 상징체계를 가지며 흑인은 가난함, 궁핍한 이미지로부터 벗어나기 어렵다. 부와 궁핍은 다음과 같은 의미소로 확장된다.

기호	의미소	종속의미소
백인	부유함	풍족함, 여유, 행복, 자유, 미래, 희망, 밝음
흑인	가난함	궁핍함, 고단함, 절망, 골칫거리, 폭력, 어두움

　백인과 흑인에 결합된 이미지나 상징을 단적으로 보여주는 광고가 브라질 시사주간지 〈베자〉에 2008년도에 실린 사회 캠페인 광고라 할 수 있다. 이율라앤호프Yirula & Hoff(2009)는 하단의 두 광고에서, 백인 아이가 가지고 있는 사진은 현재의 브라질 상황이 흑인들 때문이라는 의미가 들어 있고 흑인 여자아이가 등장한 광고에서는 은연중에 흑인과 폭력을 연계시키고 있다고 보고 있으며, 이러한 이유로 이 연작광고를 브라질 사회의 외형적 모습과는 달리 인식 저변에 깔려 있는 인종에 대한 이중적인 태도를 잘 보여주는 광고라고 평가한다.

AlmpBBDO, 2008

AlmpBBDO, Veja, 2008

이 연작광고에서 백인과 흑인 아이들이 들고 있는 그림을 보면 같은 자연보호라 할지라도 백인 아이가 들고 있는 사진은 사진과 백인의 인과관계를 설정할 만한 모티브가 드러나 있지 않지만, 흑인 아이가 들고 있는 사진은 자연환경 파괴의 중심에 흑인이 있다고 해석할 수 있는 충분한 동기를 제공하고 있다. 이어지는 연작광고에서도 흑인은 폭력성으로, 백인은 상류층으로 해석될 수 있는 비주얼 구성을 볼 수 있다.

위 광고는 총기범죄로부터 자유로운 나라를 만들자는 메시지를 담고 있는데 흑인 아이가 이러한 메시지의 전달자로 등장하고 있다. 외신이나 〈영화 천사들의 도시Cidade de Deus〉를 통해서 많이 알려진 바와 같이 브라질은 각종 범죄와 폭력이 파벨라Favela라고 불리는 판자촌을 중심으로 빈번하게 발생하고 있다. 하지만 이런 폭력이나 범죄가 반드시 흑인들과 연관되어 있지는 않음에도 흑인과 폭력성을 연관 지었다는 점에서 인종에 대한 편견이 들어 있다고 볼 수 있다.

히우 지 자네이루의 빈민촌(favela)

그리고 다음의 두 연작 광고는 사회계층과 인종에 대한 편견을 가감 없이 보여주는 예가 될 것이다.

하나는 빈곤탈출이나 빈민계층을 도와주자는 내용이고 다른 하나는 부정부패나 뇌물 등 큰돈이 오가는 범죄를 추방하자는 내용을 담고 있어 두 광고 모두 브라질이 지금보다 나은 국가로 발돋움하기에 필요한 개선 방향을 제시하고 있다.

그러나 빈민층을 보여주기 위해서 흑인을 사용하고 있고 부와 관련된 계층은 백인 모델—여기서는 백인 아이뿐만 아니라 범죄를 저지른 뒤 체포된 사람도 역시 백인임—을 사용하고 있어 사회 하층계급은 흑인, 부를 축적하는 계층은 백인이라는 편견을 그대로 보여주고 있는 예가 되겠다.

현재 브라질은 피부색에 따른 차별은 적어도 외형적인 면에서는 거의 드러나지 않고 있으며 피부색과 관계없이 브라질 국민으로서의 정체성을 지니고 있다. 하지만 사회 하위계층을 구성하는 대부분이 백인보다는 흑인 쪽에 가까운 것이 현실이기 때문에 그러한 현실을 반영하고 있는 광고일 수도 있다. 흑인 또는 혼혈인들이 사회 하층부를 구성한다는 부정적인 고정관념을 잘 보여주는 일련의 광고가 바로 월드컵과 관련된 브라질 광고들이다.

아디다스 공인구 선전/ 브라질, 2014

브라질 월드컵 광고를 보면 스타플레이어가 등장하는 경우를 제외하고 일반적으로 길거리 축구를 하는 장면에 등장하는 인물들은 흑인 또는 혼혈들이고, 이들은 운동화나 제대로된 운동복 심지어는 셔츠도 없으며 가끔은 가난함과 후진성의 상징이라고도 할 수 있는 닭까지 등장시키면서 사회 하층계급을 상징하고 있다. 반면에 백인들은 운동화나 운동복 등을 제대로 갖추고 정비된 훈련장 또는 경기장 안에서 축구를 하고 있는 모습으로 등장한다.

사회 계층과 인종 문제를 같이 볼 수 있는 광고의 대표적인 경우가 은행광고다. 금융광고는 상품이 바로 '돈'이라는 점에서 소비자의 경제적 위치나 환경에 아주 민감한 광고일 수밖에 없다. 그래서 타깃 소비층이 어디냐에 따라서 그 층위를 대표하거나 상징하는 모델이 달라지게 된다.

브라질은 앞서서 말한 바와 같이 다수의 흑인과 소수의 백인으로부터 출발하였고 흑백혼혈이 인구의 절대다수를 차지하고 있는 나라이다. 반면에 경제구조를 보면 국가 부의 90%를 상위 10%의 인구가 가지고 있을 정도로 빈부의 격차가 큰 나라인데 당연히 이 상위 계층은 전통적인 대농장주 출신의 백인 계층이 다수를 차지하고 있다. 이러한 경제구조와 인종분포는 경제구조가 취약한 계층을 대상으로 하는 광고일수록 순수백인이 아닌 혼혈계 모델을 등장시키며 고소득층을 대상으로 할수록 백인계 모델을 등장시키는 배경이 된다.

다음 광고는 브라질 국립은행인 방꾸 두 브라지우^Banco do Brasil의 한 광고인데 은행의 융자프로그램을 이용하여 교육을 받아 빈곤으로부터 탈출하자는 메시지를 담고 있다.

브라질에 가난한 백인이 없는 것은 아니겠지만 사회 전반적으로 빈곤계층은 백인보다는 흑인이거나 혼혈계층이 절대 다수를 차지하고 있

기 때문에 이 계층을 대상으로 하는 광고에서 백인을 등장시키지 않고
있다고 볼 수 있다,

다음 광고는 브라질의 또 다른 은행인 까이샤Caixa의 광고인데 순수
백인의 모습은 안 보이지만 가정과 일상의 행복함을 표현하고 있다.

브라질에서 혼혈인은 미국과는 달리 역사적으로 매우 독특한 위치를
점하고 있었다. 백인과 흑인의 중간 계층으로 소통의 다리가 되었는가
하면 일부 본인의 노력 여하에 따라서는 백인과 동등한 지위를 얻기도
했던 계층이다. 다시 말해 이들은 흑인과 백인 사이에 한 발씩 걸쳐 있
으며 경우에 따라서는 백인과 같은 역할을 하기도 해왔던 것이다. 브라
질 국민의 다수를 구성하는 혼혈 계층은 사회 전 계층에 걸쳐 분포하고
있어 저소득층의 모습과 함께 중산층 이상의 모습도 동시에 지니고 있
다. 이러한 이유로 순수 백인은 아니더라도 부나 행복의 상징으로 사용
되기도 한다.

그런데 광고 왼쪽 상단에 들어가 있는 메인 카피 "*Vem fazer Mais em*

2014(2014년에는 더 많이 하러 오세요)"라는 문구는 은행과 관련해서 여러 가
지로 해석할 수 있겠지만 제일 먼저 떠올리게 되는 해석은 저축과 관련
된 의미이다.

저축이 절약의 의미가 있다면 투자는 통상 잉여자금의 활용을 통한
수익 창출을 의미하는데 투기나 도박성 투자가 아닌 보통의 경우는 자
금의 여유가 있는 계층이 선택하는 자산관리 방법이다. 이러한 여유계
층을 공략하는 금융상품 광고에 등장하는 모델들은 위와는 달리 주로
백인에 좀 더 가까운 모델을 사용한다.[50]

---

50) 브라질 역시 인권의식의 지속적 성장으로 흑인은 아니지만 혼혈계 모델들이 금융광
고에 꾸준히 등장하고 있으며 최근 들어서는 인종적인 모습이 크게 부각되지 않는
자연보호, 감성 소구 등 중립적인 형태의 광고가 많이 등장하고 있다.

현실적으로 절대다수의 저소득층을 구성하는 인종이 혼혈이기 때문에 부(富)와 관련이 있는 금융권의 광고에서 흑인이나 혼혈인을 광고 모델로 등장시키기 않고 있다. 반면에 백인은 고객의 모습으로뿐만 아니라 다음 뱅크 보스턴Bank Boston 광고에서 보는 것처럼 고객에게 신뢰감을 주기위한 목적으로 등장하기도 한다.

은행의 자산관리 담당자로 백인 모델을 사용한 광고

금융뿐만 아니라 고관여 제품의 광고거나 행복함을 소구하는 광고에서 보편적으로 흑인 또는 혼혈인보다는 백인 모델을 선호하는 경향이 있는데 이 역시 백인의 이미지가 전통적으로 부와 행복 또는 삶의 질과 밀접한 관련이 있기 때문이다.

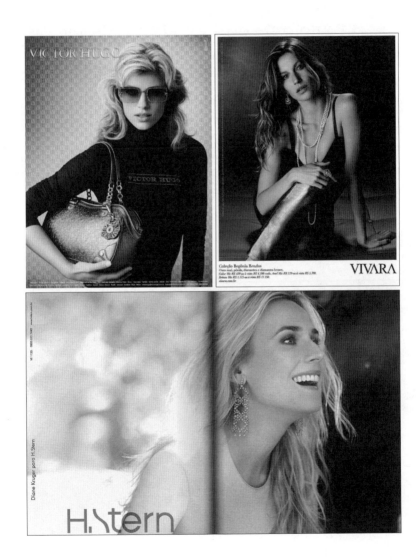

식민지 개척시대부터 백인은 현실적인 지배계층으로서 모든 권력과 부를 독점하는 계층이었으며 피지배 계층에게는 권력, 지배, 부 등을 표상하는 상징이었다. 그리고 현재 브라질 사회에서 구매력이 높은 계층은 주로 백인이기 때문에 귀금속이나 명품 광고는 자연히 백인을 대상으로 하고 있다.

백인과 관련된 이미지 중 하나가 행복이다. 백인과 행복이라는 이미지의 결합은 주로 가전제품 광고에서 등장한다. 다음의 소니 캠코더 광고는 캠코더가 고관여 제품에 속하기 때문에 구매력이 있는 계층, 즉 부를 축척한 계층을 표상하기 위해서 백인 모델을 등장시키고 있다고 할 수도 있으나 뷰파인더 안에 담긴 아이와 엄마의 모습을 통해서 '행복함'을 소구하는 광고로 본다면 피부색에 따른 고착화된 인종차별적 사고가 확대 재생산되고 있다고 할 것이다.

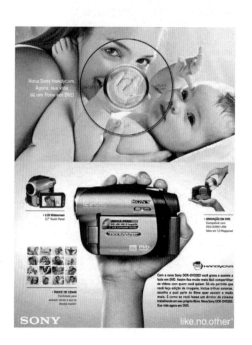

이 광고는 광고 당시 첨단 제품이었던 광디스크를 이용한 소니의 비디오 캠코더를 소개하고 있는데 이러한 첨단 고가 상품에 대한 구매계층으로 백인을 타깃으로 한 마케팅 전략을 선택했다고 여겨진다. 이러한 전략 역시 브라질의 빈부격차에 따른 사회계층 구조와 인종 간의 관계를 보여주는 한 예가 된다.

　　위의 두 광고는 모두 고관여 제품인 자동차 광고로 기아자동차와 쉐보레자동차 광고다. 이 광고들은 자동차의 비판적 가치나 실용적 가치를 소구 점으로 사용하지 않고 있으며 오히려 유희적, 유토피아적 가치

를 소구하고 있는 광고로 분류할 수 있다. 이 두 소비가치는 경제적인 관점에서 보면 기본적으로 탈 궁핍(post-scarcity)의 단계에 들어서야 구매 결정에서 반영되는 가치들이다. 이 광고에서 브라질 사회는 유희적, 유토피아적 가치를 소구할 수 있는 계층을 백인이라고 생각하고 있음을 알 수 있다.[51]

4.3 여성 광고모델과 인종차별

브라질 광고는 세계적으로 그 창의성으로 명성이 높다. 창의성은 기본적으로 표현의 자유라는 문제와 불가분의 관계가 있다. 주제나 소재에 대한 자유, 제약 없는 상상력의 표현이야말로 광고를 가장 광고답게 만드는 원동력이다. 특히 브라질은 광고제작과 배포에 대해서 자율심의가 이루어지며 이마저 사전심의가 아니라 사후에 제소가 있을 때 심의하는 절차를 택하고 있기 때문에 광고물 제작과 배포에 있어서 거의 무한한 자유를 누리고 있다고 할 수 있다.[52]

그런데 이러한 자유스러운 분위기 속에서 2010년 제작 배포된 한 편의 광고가 방송 금지된 사건이 있었다. 문제의 광고는 패리스 힐튼Paris Hilton이 출연한 데바사Devassa 맥주광고였다. 이 광고가 금지된 이유는 광고 속에서 모델을 성적 대상으로 묘사하지 못하게 하는 자율광고심의 규정을 위반했기 때문이다. 이 광고가 본 연구의 주제로 주목을 끈 이유는 브라질 사회의 문화코드를 공유하지 않고 있는 제 3자의 눈에는 다

---

51) 브라질 자동차 광고에서 비판적 또는 실용적 가치를 소구하는 경우에 있어서도 흑인이나 혼혈을 등장시키는 경우는 매우 드물다. 비판적이거나 실용적인 가치를 소구하는 경우 주로 할부조건, 무상 수리기간, 자동차의 물리적 기능과 선택사양 등을 자세하게 보여주는 형태로 제작된다.(이승용, 2010)

52) 모든 광고는 자율광고심의기구의 규정을 준수해야 한다. 다만 규정준수 여부는 제작 후 문제가 발생했을 때 사후 심의에 의해 결정된다.

른 광고에 비해서 그 금지 사유가 쉽게 이해되지 않기 때문이다. 브라질에는 이 광고보다 더 선정적이고 노출 수위가 높은 광고가 많은데 이런 이유로 제재를 받은 경우가 거의 없다. 다른 유사 광고들을 관찰해보면 문제의 데바사 광고가 방송 금지된 이유는 단순히 여성을 성적 대상으로 묘사했다는 문자적인 것 이외에 이 조항의 적용이 사회적으로 공감대를 형성할 수 있는 문화적 맥락이 따로 존재하고 있음을 알 수 있다.

패리스 힐튼의 데바사 맥주광고

이 광고는 신끼리오우Shincariol 그룹의 데바사 맥주광고로 패리스 힐튼을 모델로 2010년 제작 배포된 광고다. 이 광고는 패리스 힐튼이 모델로 등장해서 유명해졌다기보다는 오히려 방송금지가 돼서 더 유명해진 광고다.[53] 이 광고는 약 1분 정도의 길이로, 몸에 딱 맞고 짧은 검은색 원피스를 입고 있는 여성 모델(패리스 힐튼)이 데바사 맥주를 들고 건물(방) 안에서 춤을 추는 모습을 투명한 유리창을 통해 맞은편 건물이나 도로, 해변 등에서 남녀의 구분 없이 다수의 사람들이 쳐다보면서 즐거워하는 내용으로 구성되어 있다.

이 광고의 방송금지 사유는 "광고는 성적인 메시지를 주제로 성적 소구를 이용할 수 없으며 광고모델을 성적 대상으로 다루어서는 안 된다."라는 자율심의규정상의 조항을 위반하고 있기 때문이다.[54] 즉, 이 광고는 광고모델을 성적 도구로 묘사했기 때문에 방송금지가 된 것이다.

---

53) 이 광고는 어찌되었든 대중의 주목을 받았고 그래서인지 광고주의 자체분석에 따르면 이 광고 이후에 매출이 신장되었다.

54) 자율광고심의 규정 P.3.a 항 (www.conar.org.br): anúncio não poderá ter eventuais apelos à sensualidade não consituirão o principal conteúdo da mensagem e modelos publicitários jamais serão tratados como objeto sexual

　그런데 브라질 광고에서 여성을 성적 대상이나 도구로 보는 경우가 많이 있음에도 불구하고 여성을 성적 도구로 묘사하는 정도가 왜 패리스 힐튼이 나온 데바사 광고에서만 문제를 일으키고 있는지 쉽게 이해하기 어렵다. 객관적으로 다른 광고들과 비교를 해보아도 성적 묘사의 정도가 다른 광고들에 비해 지나치다고 할 만한 사유가 없어 보인다. 화면 구성에 있어서도 오히려 다른 광고들에 비해서 여성의 신체노출이 거의 없는 광고다.

　이 광고에서는 브라질뿐만 아니라 우리나라 광고에서도 어렵지 않게 볼 수 있는 비키니 차림의 노출조차도 없다. 적어도 선정성의 수준에서 보면 당시 브라질에서 방송되고 있던 다른 광고들이 더 선정적이었다. 패리스 힐튼이 출연한 문제의 광고는 심지어 한국에서 방송이 되어도 사회적으로 크게 문제가 되지 않을 정도로 다른 광고들과 비교해볼 때 우리의 눈에는 오히려 더 보수적이라고 할 수 있다.

유희적 성격을 강하게 부각하고 있으며 사회적으로 큰 거부감 없이 수용되고 있다는 점은 브라질 광고와 사회의 독특한 문화라고 할 수 있다.[55] 여성을 기능적, 유희적 대상으로 보는 시각이 브라질 사회에서 일반적인 통념이라고 한다면 앞에서 살펴본 패리스 힐튼의 데바사 광고 역시 별다른 문제로 여겨지지 않아야 한다. 더욱이 여성을 모델로 하는 다른 광고들과 비교해서 이 광고가 더 선정적이라고 판단할 이유 또한 없어 보인다.

　　패리스 힐튼이 방 안에서 춤을 추는 모습이 보기에 따라서는 스트립쇼를 연상시킬 수 있는 개연성은 있지만 광고 영상 속에서 옷을 벗거나 옷을 건드리는 장면은 전혀 없기 때문에 설사 스트립쇼를 모티브로 해서 제작되었다 하더라도 여성을 도구화하는 수준이 다른 광고들에 비해서 더 높다고 하기 어렵다.

55)　이승용, 「브라질 광고에 나타난 여성의 기능적 이미지」, 『이베로아메리카논문집』 12, 2010, p.318

위의 광고들은 아주 노골적으로 여성의 신체나 스토리텔링을 통해서 여성을 성적 대상으로 도구화하는 내용을 담고 있다. 비록 얼굴이 드러나지 않고 신체의 일부분만을 이용한다 하더라도 이러한 점이 불특정한 다수와 특정한 의미를 지닐 수 있게 한다는 점에서 여성 전체를 성적 대상이나 도구로 여길 수 있게 하는 광고들이다. 또한 특정 신체 부위를 강조하고 있다는 점에서 선정성의 정도가 문제의 데바사 맥주광고보다 심하다고 할 수 있다.

한눈에 보기에도 이 광고의 이미지들이 패리스 힐튼의 데바사 광고보다 이미지나 스토리텔링적인 측면에서 훨씬 더 선정적이고 자극적이라고 할 수 있다. 또한 여성을 도구적으로 표현하고 있다는 점에서 오히려 광고모델을 성적 대상으로 다루어서는 안 된다는 심의규정을 위반하는 정도가 더 심하다고 할 것이다. 그럼에도 불구하고 이들 광고에 대해서는 아무런 이의제기가 발생하지 않았다.

맞은편 건물에서 남자가 패리스 힐튼을 보면서 사진을 찍는 모습이나 해변, 도로 등에서 지나가는 사람들이 패리스 힐튼을 쳐다보는 모습에서 기본적으로 엿보기, 관음증 등이 문제가 될 수도 있다. 그러나 관음이라는 코드는 브라질 광고에 자주 등장하며 실제로 문제의 데바사 광고에서보다 더 수위가 높고 직접적인 형태로 사용되고 있다.

다음의 첫 번째 광고는 스코올의 맥주광고이고 두 번째 광고는 브라질 옥션의 치마광고인데 둘 다 엿보기, 훔쳐보기 등 관음을 코드로 삼고 있는 광고들이다.

패리스 힐튼의 데바사 광고가 선정적이라고 보는 또 다른 이유는 이 광고의 카피에서도 찾아볼 수 있다:

- Ela chegou bem na hora, bem gelada, bem loura. Devassa! Bem

Skol/ F/nazca Saatchi & saatchi, 2005

Auction/ Dm9ddb, 2001

devassa!

(진짜 신선한 맥주가 딱 맞춰서 도착했다. 데바사! 진짜 데바사!)

맥주광고라는 문맥을 고려해서 이 카피를 해석하는 경우 선정적인 내용을 포함하고 있다고 할 수 없다. 그러나 패리스 힐튼의 모습과 함께 카피의 단어들이 가지고 있는 이중적 의미를 고려한다면 상당히 선정적인 문구로 볼 수도 있다.

카피	ela	gelada	loura	devassa
1차적 의미	맥주	신선함	맥주	맥주 이름
2차적 의미	여자 패리스 힐튼	어림 젊음	금발의 여자	접근하기 쉬움 창녀

이 광고의 카피를 중의적으로 해석하면 식욕과 성욕의 동일시를 통해서 광고모델 즉, 패리스 힐튼으로 표상되는 여성에 대한 성적 욕망을 드러내고 있는 카피이기 때문에 1차적인 의미보다는 선정적이라고 할 수 있다. 하지만 다음 광고의 카피에 비하면 꼭 선정적이라고 할 수도 없다.

- 우리가 세상에서 가장 좋은 곳에서 살고 있다네!
- 아니라네! 저기 안쪽에 사는 펭귄이 거기가 훨씬 더 좋다고 그러던데!

지금까지 패리스 힐튼이 출연한 데바사 맥주광고가 방송금지 처분을 받은 이유에 대해서 살펴보았다. 방송금지의 이유는 광고 모델을 성적 도구로 희화했었기 때문이었다. 그런데 데바사 광고에서 문제가 되었던 자율광고심의 규정의 위반은 브라질의 다른 광고에서도 어렵지 않게 찾아볼 수 있다. 브라질 광고에서 선정적인 표현이거나 광고모델을 성적 대상으로 희화하는 경우는 여기서 본 것처럼 매우 흔하게 나타나고 있다. 그럼에도 불구하고 대부분의 이들 광고에 동일한 규정을 적용하여 제재를 가하고 있지 않다. 따라서 패리스 힐튼의 데바사 광고가 제재를 받은 이유를 설명하기 위해서는 이 규정이 사회적 합의에 의해 적용되는 맥락에 대한 이해가 필요한 것이다.

지젤 번천의 HOPE 광고

인종차별과 함께 인류문명사에서 가장 오래된 또 다른 차별은 바로 여성에 대한 차별이다.[56] 인류문명의 발달과정에서 남성은 끝없이 여성을 나약한 존재, 불결한 존재, 모든 악의 근원 등으로 비하해왔으며 남성 위주의 사회에서 여성들은 인종과 피부색에 관계없이 차별받아왔다. 따라서 여성을 남성의 시각에서 도구적, 유희적으로 표현하는 것은 가부장적인 사회에서 자연스러운 흐름이라고 할 수도 있다. 브라질 역시 여성차별이 없는 나라가 아니고 어떤 면에서 보면 서구의 다른 나라들보다도 더 심한 나라라고 할 수 있다. 브라질의 여성차별은 브라질 국가 형성과정과도 관계가 매우 깊다. 그리고 그러한 역사적, 환경적 요인들이 현대 브라질 사회에서 여성을 기능적으로 보는 태도로 나타나고 있다.[57]

브라질 광고 속에 등장한 여성의 이미지 또한 매우 부정적인 모습에

56) 이승용, 앞의 책
57) 이승용, 앞의 책

서부터 긍정적인 모습까지 폭 넓은 스펙트럼을 보이고 있다. 광고가 다양한 상품과 소비자를 대상으로 하고 있기 때문에 다양한 형태의 광고 표현은 특이한 일은 아니다.

지젤 번천이 출연한 2011년 호프사의 이 속옷 광고는 브라질 사회에서 문제의 데바사 광고 못지않게 주목을 끌었고 논란의 대상이 되었다. 이 광고는 지젤 번천이 남편들에게 안 좋은 소식을 전할 때 여성들의 성적매력을 이용하면 쉽고 부정적이지 않게 전할 수 있다고 알려주는 내용을 담고 있는데 그 예를 들면서 일상복을 입고 소식을 전하는 것은 나쁜 방법이고 예쁜 속옷만을 입고 전하는 것이 좋은 방법이라고 알려주는 내용의 광고다.

광고의 내용이나 장면만을 놓고 본다면 다른 광고들 특히 맥주광고에 등장하는 여성들의 노출이나 관련 이미지 그리고 카피에 비해 결코 선정적인 수위가 높다고 할 수 없다. 그럼에도 불구하고 이 광고는 패리스 힐튼이 나온 데바사 광고와 마찬가지로 성적 대상으로서의 여성의 스테레오 타입을 확산한다는 이유로 자율광고심의기구CONAR에 제소가 되었다. 그러나 이 광고를 심의한 CONAR는 이 광고의 내용이 사회적 통념에서 벗어나지 않아 여성을 비하하는 것이 아니라고 판정하면서 방송금지 요청을 받아들이지 않는다.

지젤 번천의 광고와 패리스 힐튼의 광고는 여성을 성적인 대상으로 삼고 있다는 이유로 사회적인 논란에 휩싸였다는 점에서는 같지만 패리스 힐튼의 광고는 제재를 받아 방송 금지된 반면에 지젤 번천의 광고는 사회적 통념에서 크게 벗어나지 않았다는 이유로 제재를 받지 않았다는 점에서 다르다.

두 광고의 가장 큰 공통점은 여성을 기능적, 유희적 대상을 보는 경향이 강한 브라질 사회에서 여성을 성적 대상으로 희화한 것이 문제가 되었다는 점이다. 앞에서 기술한 바와 같이 브라질에서 여성을 성적 대상으로 희화하고 있는 광고를 찾아보기는 어렵지 않다. 특히 구매력이 그다지 중요한 변수로 작용하지 않는 저관여도 제품 광고에서 보다 쉽게 찾아볼 수 있다. 따라서 패리스 힐튼과 지젤 번천의 광고가 사회적으로 논란을 일으키게 된 배경에는 단순히 여성을 성적 대상으로 묘사했기 때문이 아니라 다른 이유가 있을 것이라는 추론에 이르게 된다.

패리스 힐튼과 지젤 번천은 모두 금발의 전형적인 백인의 모습이다. 게다가 둘 다 경제적인 면이나 지명도 면에서 모두 사회 상류층에 속하는 인물들이다. 따라서 이들이 지니는 상징적인 이미지는 백인 상류사회 그리고 그 사회에 속한 여성을 의미하는 것으로 받아들일 수 있다.

지젤 번천의 광고가 사회적 통념을 위배하고 있지 않다는 것은 인종 문제를 떠나서 브라질 사회가 여성을 기능적, 유희적 대상으로 대하는 경향이 있기 때문이라 할 수 있다.[58] 그럼에도 불구하고 패리스 힐튼의 데바사 광고와 지젤 번천의 호프 속옷 광고가 사회적 논란거리로 대두된 이유는 백인 상류사회의 전형적인 백인 여인으로서의 상징과 연결되어 있기 때문이다.

실제로 백인 여성 모델이 기능적, 유희적 대상으로 등장하는 많은 광고에서 백인 여성 모델과 브라질 상류 백인 사회 사이에 연결고리가 없다면, 그래서 이 모델이 브라질 상류 백인 사회의 여성을 표상하지 않는 경우라면 백인 여성을 이용해 표현된 성적 소구는 사회적으로 논란의 대상이 되지 않는다.

위 두 맥주광고는 백인 여성을 성적 대상으로 표현하고 있다.[59] (이승용, 2011: 27) 광고모델을 성적 대상으로 묘사하고 있으며 카피 역시 상당히 유희적인 성격을 띠고 있지만 패리스 힐튼의 데바사 광고나 지젤 번천의 속옷 광고와는 달리 아무런 제재도 받지 않고 있다. 이러한 이유는

---

58) 이승용, 앞의 책, p.301-309
59) 이승용, 「소비가치유형에 따른 한국과 브라질 광고 비교-맥주광고를 중심으로」, 『중남미연구』 31권 1호, p.96-120, 2012

이 광고 속의 모델이 비록 백인이기는 하지만 브라질 상류사회 혹은 브라질 지배층과의 상징적인 연결고리가 없기 때문이다. 즉, 보호의 대상으로서의 지배계층과 지배계층의 여성을 상징하고 있지 않기 때문에 성적 대상이나 유희적 도구로서 묘사되는 것이 사회적으로 파장을 일으키지 않고 있다.

지젤 번천의 속옷 광고가 선정성을 이유로 문제가 되기는 했지만 방송금지에까지 이르지 않은 이유는 백인 지배계급의 여성으로서의 상징인 모델이 힐튼의 맥주광고와는 달리 불특정 다수 특히 상대적으로 하위계층에 속한 사람들을 대상으로 하고 있지 않기 때문으로 풀이된다.[60]

번천이 전달하는 메시지의 대상은 남편으로 한정되어 있기 때문에 설사 번천이 브라질 상류 백인 지배계급의 여성을 상징한다고 해도 관찰자인 상대방 역시 같은 동류로 그리고 부부 간의 담론으로 한정되기 때문에 사회정서에서 벗어나지 않는다고 할 수 있다.

브라질은 세계 3대 광고대국이며 광고제작에 소재나 주제 그리고 표현에 대해서 거의 제약이 없기 때문에 다른 나라에서는 보기 힘든 광고도 쉽게 만나볼 수 있는 나라이다. 브라질 사회는 광고에서 성적인 소재나 여성을 성적 유희의 대상으로 묘사하는 것에 대해서도 매우 관대한 모습을 보여주고 있다.[61] 그런데 힐튼 호텔의 상속녀 패리스 힐튼을 모델로 한 데바사 맥주광고 한 편이 브라질 자율광고심의회로부터 방송금지 처분을 받았으며 지젤 번천이 출연한 속옷 광고가 동일한 이유로 동 심의기구에 제소되었다.

---

60) 힐튼의 데바사 광고의 공간 속에서 힐튼은 다른 사람들에 비해서 위쪽에 위치하고 있으며 불특정 다수의 인물들이 힐튼을 올려다보고 있다. 이는 상징적 공간개념에서 사회 하위계층이 상류계층을 동경하는 모습으로 해석될 수도 있다.

61) 이승용(2010, 2011) 참고

앞서서 밝힌 바와 같이 브라질 광고에서 힐튼이나 번천이 나온 문제의 광고보다 높은 수위로 광고모델을 성적 도구로 묘사하거나 선정적으로 표현하는 경우를 쉽게 찾아볼 수 있기 때문에 이 두 광고에서 문제가 된 이유는 단순히 문자적인 이유 이외에 다른 것이 내포되어 있음을 시사한다. 즉 성적 편견에 인종차별이라는 시각이 더해져 있는 것이다.[62)]

브라질은 여성을 성적 도구나 유희적 도구로 보는 경향이 있기 때문에 어떤 여성이 광고모델로 등장하든지 간에 도구적, 기능적 성격이 부각되었다 하더라도 크게 문제가 없어야 한다. 그럼에도 불구하고 패리스 힐튼과 지젤 번천의 광고가 문제가 된 이유는 이 두 모델이 모두 보호받아야 하는 브라질 상류 백인 계급의 여성을 의미하는 상징성 때문이다.

전통적으로 브라질 사회형성 과정에서 백인 지배계급은 자신들끼리의 결혼을 통해서 부의 유출을 막고 권력을 강화해왔으며 상류 지배계층에 속한 여성은 성적 도구나 유희의 대상이 아니었다. 따라서 백인 상류층 여성을 상징할 수 있는 패리스 힐튼과 지젤 번천이 등장하는 광고는 자율심의규정의 단서조항에 심리적으로 저촉될 수 있는 개연성을 가지게 된다. 이것이 이 두 광고가 자율광고 심의회의에 제소된 이유이다.

그리고 우리는 이러한 이유를 통해서 브라질에서 존재하는 또 다른 형태의 인종차별을 확인할 수 있다.

---

62) 인류문명사에서 성차별은 인종차별과 함께 가장 보편적인 지배담론 중 하나이다. 백인과 흑인 또는 백인우월주의로 대표할 수 있는 인종차별도 지배층의 피지배층에 대한 지배담론이라고 볼 수 있는가 하면 남성의 여성에 대한 차별 역시 부권사회의 기득권을 유지하려는 남성문화의 지배담론으로 볼 수 있다. 문화권에 따라서 차이가 있을 수 있지만 대부분의 국가나 문화권에서 성차별의 대상은 주로 여성이다. 여성에 대한 성차별은 특정 상황과 계층에서만 나타나는 것이 아니라 남성과 여성의 관계에서 인류 보편적으로 나타나는 현상이다.

김덕자(1989).『광고와 에로티시즘』. 미진사

김영철(2006).「브라질의 인종관계 인식 실태」.『2006년도 이베로아메리카 연구소 상반기 학술워크샵 프로시딩: 브라질 인종, 문화의 정체성』. 부산외국어대학교

김용재 · 이광윤(2000).『포르투갈, 브라질의 역사문화기행』. 부산. 부산외국어대학교 출판부

김정탁 · 염상원(2000).『기호의 광고학』. 커뮤니케이션북스

바타이유, 조르쥬(1976).『에로티시즘의 역사』. 조한경 옮김. 1998. 민음사

이병욱(2001).「식욕과 성에 대한 분석적 단상」.『정신분석』제2권 2호. p.206-213

이승덕(2006).『브라질 들여다 보기』. 한국외국어대학교 출판부

이성하(2005).『언어와 문화: 광고로 배우는 미국 영어 · 미국 문화』. 경진문화사

이승용(2004).「움반다와 탈아프리카화」.『중남미연구』23권 1호. p.140-166

이승용(2007).「브라질 인종적 민주주의에 대한 재고」.『중남미연구』23권 2호. p.179-202

이승용(2010a).「현대자동차 브라질 광고 읽기」.『중남미연구』28권 2호. p.325-352

이승용(2010b).「브라질 광고에 나타난 여성의 기능적 이미지」.『이베로아메리카논문집』제12권. p.289-322

이승용(2011).「브라질 광고와 성적소구의 역할」.『중남미연구』29권 2호. p.23-44.

이승용(2012).「소비가치유형에 따른 한국과브라질 광고비교-맥주광고를 중심으로」,『중남미연구』31권 1호. p.96-120.

이승용(2012). 「패리스 힐튼 광고 규제를 통해서 본 브라질의 여성과 인종차
별」. 『중남미연구』 31권 3호. p.119-140

정보은(2013). 「지식정보사회에서 문화자본으로서의 브라질 제이찌뉴
(jeitiho)와 중국의 꽌시(關係)」. 『포르투갈 -브라질 연구』 10권 1호.

최영수(2004). 「브라질 문화코드와 의사소통 방식」. 『중남미연구』 23권 2호.
p.131-164

최영수(2010). 『브라질사』. 한국외국어대학교 출판부

최용호 외(2005). 『광고, 커뮤니케이션, 문화마케팅』. 도서출판 인간사랑

Alsted, C. and H. Larsen(1991) Towar a semiotic typology of advertising forms in
Marketing and Semiotics: Selected papers from the Copenhagen Symposium eds. H.
H. Lrsen, D. G. Micj and C. Alsted.

Azevedo, G.(2010). *Propaganda Popular Brasileiria*, SSenac, São Paulo.

Bastide, Roger(1978) *The Afrian Religions of Brazil*, The Johns Hopkins Universitu
Press. Batlimore. Originally published in Paris in 1960 as *Les Religions Afro-
Brésiliennes: Contribution à une Sociologie des Interpénétrations de Civilisations*.
PUF.

Beleli, I.(2005). *Marcas da Diferença na Propaganda Brasileira*. Phd. Dissertation.
Universidade Estadual de Campinas.

Bernays, E.(1995). Propaganda. 강미경 옮김. 2009. 도서출판 공존

Bueno, E.(?). *O Nu e o Sensual Feminino Registrado nas Fotorreportagens da Revista
"O Cruzeiro"(1966-1970)*. ms.

Caetano, R.(2001). *A publicidade e a imagem do produto Brasil e da mulher brasileira
como atrativo turístico*, ms. Faculdade de Taquara.

Carrascoza, J. A.(2011) *A propaganda e o Sonho*. ESPM. São Paulo.

Carvalho, E.(2010). Bem devasa: a mulher objeto como estratégua de
comunicação na publicidade de cerveja. *Revista eletrônico do Programa de Pós-
graduação da Faculadade Cásper Libero*, V.2:1

Castelo, H.(?) Ao vivo: Televisão e publicidade nos anos 50. www.bocc.ubi.pt

Chagas, R. V.(2011). *A história da fotografia na publiciade brasileira: uma questão de
gosto*. XIII Congresso de Ciência da Comunicação na Região Nordeste, Maceió.

Courtenym, A.(1990). 『성 표현의 광고와 규제』. 허갑중 역. 나남

Damasceno, A.(2012). Brasilidade e publicidade: Como a publicidade ressalta a identidade brasileira em sua comunicação. *Comunicação e Entretenimento: Práticas sociais, Indústiras e liguagens.* v. 19:1

DaMata, R.(2004). *O que é o Brasil?* Rido de Janeiro, Editora Rocco

Farias, P.(?). Beleza negras à vista: a presença negra na publicidade brasileira, anos 70. ms.

Floch, J.-M.(1990). *Sémiotique, Marketing et Communication*, Presses Universitaores de France,

Freyre, G.(1954). Casa Grande & Senzala, 50ª Edição Revista, Editora Global, 2005

Freyre, G.(1984), Uma Paixão Nacional, *Playboy*, n° 113,

Garboggini, F. and A. Caruso(2007). História da Propaganda Brasileira em Revista no Período da Segunda Guera Mundial. Um estudo exploratório. *Intercom V Congresso Nacional de História da Mídia*. São Paulo.

Gracioso, F. and R. Penteado(2012). *Propaganda Brasileira*. 4ª Edição. Mauro Ivan Marketing Editorial, São Paulo

Iribure, A.(2008). As representações das homossexualidades na prublicidade e propaganda veiculadas na televisão brasileira: um olhar contemporâneo das últimas três décadas. Phd. dissertation. Universidade do Rio Grande do Sul.

Key, W.(1994). 『섹스어필 광고, 섹스어필 미디어』. 허갑중 역. 도서출판 책과길

Klanovicz, L.(2008). *Erotismo na culutra dos anos 1980: Censuara e Televisão na revista Veja.* Phd. Dissertation. Universidade Federal de Santa Catarina.

Lapera, P.(?). *Preto no branco: discursos raciais no cinema brasileiro contemprâneo.* ms.

Leitão, P.(?). O negão na publicidade brasileira. ms.

Lima, J. A.(2008). *A Imagem do Feminino da publicidade contemprânea: estudos de caso.* ms. Faculdade de 7 de Setembro. Fortaleza.

Napolitano, M.(2004). A Sodomia Feminina na Primeira Visitação do Santo Ofício ao Brasil, *Revista História Hoje*, São Paulo, N. 3.

Neves, F.(2008). A publicidade da cerveja no Brasil: por que discuti-la?, *1 Encontro dos Programas de Pós-graduação em Comunicação de Minas Gerais*.

Nishida, N.(2006). A imagem da mulher na publicidade: cenário das representações da ética de resposabilidade. *UNIrevista* v.1 n.3.

Mäder, M.(2003). Metamorfoses figurativas: femininas na publicidade de cerveja, M.A. Dissertation. Universidade Tuiuti do Paraná.

Marcuse, H.(1989). 『에로스와 문명』. 김인환 역. 나남

Martins, M.(2010). A nova retórica do Capital: a publicidade brasileira nos tempos neoliberais. *Revista Brasileira de Políticas de Comunicação*.

Moares, A.(?). *História da Propaganda na Televi~sao Brasileira e Sua Influência Social*. ms.

Ibope.(?). *Como brasileiro percebe e avalia propaganda*. Abap/Ibope inteligênca.

O'Barr, W.(2008). Advertising in Brazil. *Advertising & Society Review*. V.9:2. 1-44.

Oliveira, L.(2002). *A propaganda Política n Brasil e as suas peculiaridades: um olhar sobre a interface entre comunicação e política de Afonso Albuquerque*, ms. UFMG.

Piedras, E.(?). Publicidade, Representação e Identidade: a cultura brasileira na estratégia das Havaianas. ms. Universidade Federal do Rio Grande do Sul.

Rappoport, L.(2003). 『음식의 심리학』. 김용환 역. 인북스

Rial, M.(2001). Racial and Ethnic Stereotypes in Brazilian Advertising. *Antropologua em Primeira Mão*. N° 44. 1-23.

Rocha V.(2003). C. Hungria & D. Umekita, *Advertising in Brazil-The Success of Self-Regulation*, Veirano Advogados Associados.

Rodrigues, A. I.(2002). *MPM Propaganda: A História da Agência dos Anos de Ouro da Publicidade brasileira*. Dissertação de Mestrado. URGS. Porto Alegre.

Telles, E.(2004). *Race in Another America: The Significance of Skin Color in Brazil*. Princeton University Press.

Santos, S.(?). A identidade do negro na publicidade brasileira. *Revista ComUnigranrio*.

Santos, W. and P. Silva(2010). Racismo discursivo e a mulher negra: análise a partir dos personagens presentes na publicidade e nos cadernos de saúde de jornais impressos. *Revista THEOMAI/THEOMAI Journal*. n.21.

Severino, E. et al.(?). A História da Publicidade Brasileira. ms.

Silva, L.(2007). *Brasil: suas imagens e representações*. B.A dissertaion. Universidade Estadual Paulista.

Silva. F. and R. Coutinho(?). Raízes Históricas da Propaganda no Brasil e no Mundo. www.bocc.ubi.pt.

Simões, R.(2006) *A propaganda mo Brasil: Evolução histórica*. ESPM. São Paulo.

Soares, A. M.(2008). *A publicidade e a Dignidade da Mulher*. ms. Taguatinga.

Soares, T. Z.(?). Sexualidade e Publicidade: Estratégias Discursivas e Suas Implicações. ms.

Souza, C. et al.(?). Um edtudo sobre o Erotismo, Pornografia e Sensualidade na Publicidade Brasileira. Revista Académica de Administração e Comunicação. Faculade JK.

Souza, R.(?). *Televisão, democracia e propaganda política no Brasil*. ms.

Telles, E.(2004). *Race in Another America: The Significance of Skin Color in Brazil*. Princeton University Press.

Twin, F.(2005) *Racism in a racial Democracy: the maintenance of white supremacy in Brazil*, Rutgers University Press, London.

Yirula, C. & H. Cezar(2009). As representações do Negro da publicidade contemporâena: a Campanhia de Veja. Jornada de iniciação científica em comunicação. *XIV Congresso de Ciências da Comunicação na Região Sudeste*. 1-15.

Veríssimo, F. D.(2002). *A mulher "objecto" na publicidade*. ms. Livros de ACTAS- 4° SOPCOM.

Vicentini, S. et al.(2010). *A história da publicidade brasileira*. ms. Uni-FACEF.

Abap. Como o Brasileiro Percebe e Avalia Propaganda. São Paulo.

Abap. A Indústria da Comunicação no Brasil. São Paulo.

FGV-EAESP/GVPESQUISA(2004) Relatório de Pesquisa N° 37.

인터넷 자료

http://abduzeedo.com/10-outstanding-ad-campaings-brazil

http://africa.com.br

http://blackwomenofbrazil.co/2013/01/16/black-brazilian-women-mobilize-
against-a-racist-hair-campaign-ad-featuring-people-wearing-afro-wigs/

http://establishbrazil.com/Businesses/Advertising

http://casperlibero.edu.br

http://g1.globo.com/economia/midia-e-marketing/noticia/2013/06/brasil-ser-
5-maio

http://www.intellectualprpertymagazin.com

http://neogamabbh.com.br

http;//www.lanyonadvisory.com

http://pdfsb.net

http://pt.scribd.com/doc/6946407/artigo-A-Historia-da-Propaganda-Brasileira

http://pt.wikipedia.org/wiki/Anexo:Lista_de_ag%25C3%25AAncias_de_
publicidade_do_Brasil

http://www.almapbbdo.com.br/index.php#section=noticiat

http://www.arcos.org.br/livros/direito-da-publicidade/capitulo-i-o-setor-de-
publicidade/3-o-setor-de-publicidade-no-brasil/

http://www.buzzfeed.com/mjs538/sao-paulo-the-city-with-no-outdoor-
advertising

http://www.culturepub.fr

http://www.coloribus.com

http://www.conar.org.br

http://www.dailymail.co.uk/news/article-2338278/Brazil-drops-adverts-
celebrating-prostitutes-featuring-pictures-women-phrase-Happy-hooker-
public-outcry.html

http://www.dementia.pt/foi-expulsa-da-universidade-por-usar-mini-saia/

http://www.dm9ddb.com.br

https://www.facebook.com/borghilowe

http://www.fnazca.com.br

http://www.folha.com.br

http://www.gala-marketlaw.com/archives-52004/85-americas/95-brazil-the-
end-of-outdoor-advertising-in-the-city-of-sao-paulo

http://www.ibge.gov.br

http://www.jwt.com/en/brazil/

http://www.ogilvy.com.br/#!/home

http://www.saopauloantiga.com.br/anuncios-de-escravos/

http://www.slideshare.net/USMediaConsulting/report-on-brazils-2012-media-
market-2012

http://www.slideshare.net/viniciosneves/50-anos-propaganda

http://thebrazilbusiness.com/article/regulation-of-the-brazilian-advertisement-
industry

http://thebrazilbusiness.com/article/restrictions-to-advertising-in-brazil

http://theoldisnew.wordpress.com/2012/09/05/48/

http://yrbrasil.com.br

http://www1.folha.uol.com.br/mercado/2011/04/901363-publicidade-deve-
crescer-15-no-brasil.shtml

190, 239-240

브라질 광고와 문화

초판 1쇄 발행 2014년 5월 30일

지은이 이승용
펴낸이 강수걸
편집주간 전성욱
편집장 권경옥
편집 윤은미 손수경 양아름
펴낸곳 산지니
등록 2005년 2월 7일 제14-49호
주소 부산광역시 연제구 법원남로15번길 26 위너스빌딩 203호
전화 051-504-7070 | 팩스 051-507-7543
홈페이지 www.sanzinibook.com
전자우편 sanzini@sanzinibook.com
블로그 http://sanzinibook.tistory.com

ISBN 978-89-6545-249-2 03320

＊ 책값은 뒤표지에 있습니다.
＊ 이 저서는 2008년 정부(교육과학기술부)의 재원으로 한국연구재단의
지원을 받아 수행된 연구입니다.(NRF-2008-362-A00003)
＊ 이 도서의 국립중앙도서관 출판시도서목록(CIP)은 e-CIP 홈페이지
(http://www.nl.go.kr/ecip)에서 이용하실 수 있습니다.
(CIP 제어번호: CIP 2014015034)